QING PING GUO CONG SHU

青苹果丛书

百科阅读

BAIKE YUEDU

顾萍 ◎ 主编

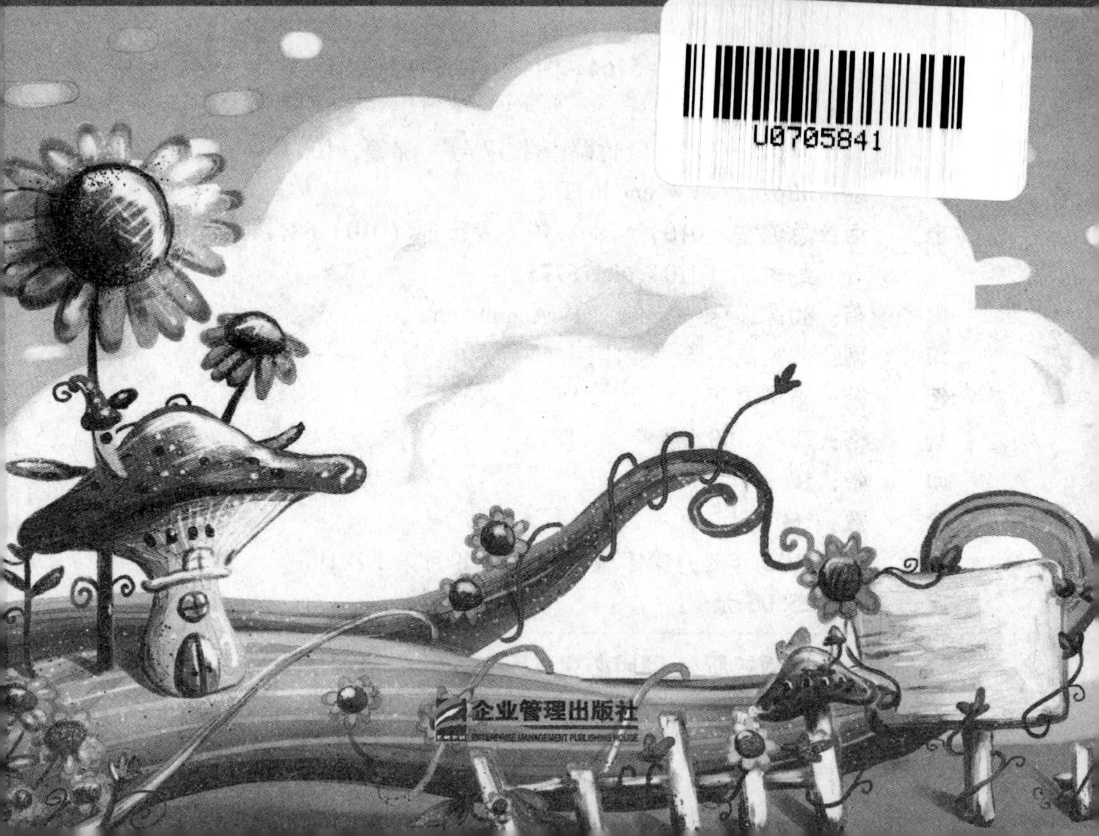

企业管理出版社

图书在版编目（CIP）数据

百科阅读/顾萍主编．—北京：企业管理出版社，2013.8
（青苹果丛书）
ISBN 978-7-5164-0443-0

Ⅰ.①百… Ⅱ.①顾… Ⅲ.①科学知识-少年读物 Ⅳ.①Z228.1

中国版本图书馆CIP数据核字（2013）第178432号

书　　　名：	青苹果丛书——百科阅读
作　　　者：	顾　萍　主编
责任编辑：	钱　丽　王秋菊
丛书策划：	闫书会
书　　　号：	ISBN 978-7-5164-0443-0
出版发行：	企业管理出版社
地　　　址：	北京市海淀区紫竹院南路17号　邮编：100048
网　　　址：	http：//www.emph.cn
电　　　话：	总编室（010）67801719　发行部（010）68414644
	编辑部（010）68416775
电子信箱：	80147@sina.com　zbs@emph.cn
印　　　刷：	北京昌平新兴胶印厂
经　　　销：	新华书店
规　　　格：	787×1092毫米　1/16
印　　　张：	12
字　　　数：	160千字
版　　　次：	2013年8月第1版　2013年8月第1次印刷
定　　　价：	25.00元

版权所有　翻印必究·印装有误　负责调换

前　　言

苏联著名教育家苏霍姆林斯曾说过："让学生变聪明的办法，不是补课，不是增加作业量，而是阅读、阅读、再阅读。"面对浩瀚知识海洋，我们撷取最基础知识，呈现给广大青少年朋友，尤其是农村少年儿童。"青苹果丛书"是专门为农村少年儿童选编的一套系统的知识性读物。

随着我国城镇化进程的加速，农村传统的二元社会结构正在解体。我国农村大批劳动力外出务工，在广大农村随之产生了一个特殊的未成年人群体——留守儿童。据中央电视台2013年特别报道，我国农村留守儿童超6000万，每5名儿童就有一名留守儿童。同时，在城市中也有一大批农民工子弟，因来自农村，很难得到与城里孩子同样的义务教育，他们的学习教育同样令人堪忧。这类的家庭教育主要表现为：单亲式、隔代式、委托式及兄长式四种方式，留守儿童基本缺失父母亲对其在衣、食、住、行、安全等方面的能力调教，也缺少爱好、审美、人格、品格及情感等方面的亲情教育，特别是缺失了对父母的心理归属和依恋。

从学校教育分析，由于缺乏正常的家庭基本教育、心理素质教育、道德品质教育和身体发育教育，留守儿童的学习成绩都不理想，大多数留守儿童的成绩都处于中等偏下。也许是缺失和不足，相对于有父母亲在家的儿童而言，留守儿童更加渴望知识、渴望阅读、渴望外边的世界。令人遗憾的是，由于种种原因，他们对外界的了解更多的是看电视、玩电子游戏。

为了弥补农村少年儿童特别是"留守儿童"在家庭教育上的缺

憾，我们精选中外经典阅读篇目，编辑出版了"青苹果丛书"。其目的一是让那些远离父母的孩子通过阅读了解历史，感受文化，增加积淀，陶冶情操；二是开拓视野，通过这些短小精致的篇章，丰富课外生活，提高思维能力，在阅读中登上知识的殿堂，博览古今，感受中外文化经典的奇光异彩。

从编辑内容来看，它们分别为历史、文化、科技、艺术、天文地理、气候环境、工农业生产等多个学科。按照学科的安排，初步分为《古典文学阅读》、《趣味阅读》、《故事阅读》、《科技阅读》、《百科阅读》、《乡村阅读》等二十多个分册，针对适龄儿童阅读的特点，在阅读篇幅的编辑上我们力求短小精悍、通俗易懂。与孩子们在课堂上阅读的教科书相比，本套丛书还是一套相当出色的课外辅导读物，每一个分册都生动、形象、有趣、绚丽。力求融入了新的阅读模式，书中知识点简明易懂、自成体系，更容易被农村的孩子们接受。

崇尚经典，注重传统，寓教于乐真正贯穿其中是丛书的一个亮点。少年儿童求知欲强，通过阅读让他们知晓更多的社会发展和科技进步方面的知识，这有助于开拓创新思维，培养创新意识，提高农村少年儿童的科学文化素质；全套丛书叙述生动，文字简洁，以知识性为切入点。考虑农村社会转型时期的环境条件，重视知识的准确和生动，引导农村少年儿童在平时的阅读中了解更多的科学文化和历史知识，也有助于提升他们的读写能力。

美国教育家海伦·凯勒说："一本书像一艘船，带领我们从狭隘的地方驶向无限广阔的海洋。"愿这套丛书能给农村少年儿童带来亲情和快乐，青苹果，青涩而有味道，让他们在品读中体会其中的甜美，伴随他们成长。

编　者

2013 年 6 月 1 日

目 录

第一章 天 文

- 轨道上的卫星 …………………………………… 002
- 航天母舰有哪些种 ……………………………… 003
- 互赠"礼品"的行星 …………………………… 005
- 来历不明的玻璃陨石 …………………………… 006
- 黎明前的黑暗 …………………………………… 007
- 流星和陨星有什么关系 ………………………… 008
- 能够用来通信的流星 …………………………… 010
- 人类在宇宙中是孤独的吗 ……………………… 011
- 太空的"车祸" ………………………………… 013
- 太空中的死亡是怎样的 ………………………… 017
- 太空中人的生理有什么变化 …………………… 019
- 太阳"发抖"的秘密 …………………………… 022
- 天狼星伴星在科学上有哪些价值 ……………… 023
- 天王星有一颗"冷酷的心" …………………… 026
- 为什么太阳会熄灭 ……………………………… 027

未来的太阳——木星 ………………………………… 029
我国女航天员首次太空授课 ……………………… 030
星星为何"眨眼睛" ………………………………… 032
一天之内为什么能看到16次日出 ………………… 034
银河系是一条亘古不变的"河"吗 ………………… 036
有"冰火山"存在吗 ………………………………… 038
月亮上神秘的闪光 ………………………………… 039

第二章 地 理

北京时间不是北京地方时间 ……………………… 042
彩雪的秘密 ………………………………………… 043
地球的形状和大小会变化吗 ……………………… 044
地球是怎样形成的 ………………………………… 046
地震前常见的地光 ………………………………… 048
"鬼门关"——鄱阳湖 ……………………………… 050
海底的电闪雷鸣 …………………………………… 051
没有水的湖 ………………………………………… 052
能发电的海水 ……………………………………… 053
色彩斑斓的沙漠 …………………………………… 054
神奇的神农架 ……………………………………… 055
四川盆地为什么多夜雨 …………………………… 057
弯曲的河流 ………………………………………… 058
为什么"春风不度玉门关" ………………………… 059
为什么海洋动物不能四海为家 …………………… 061
为什么冷空气到了海上会逐渐减弱 ……………… 063
为什么下雪天也会打雷 …………………………… 064
西藏五彩湖 ………………………………………… 066
永不干涸的"月牙泉" ……………………………… 067

中国的第一大岛——台湾岛 …………………… 068
"醉汉林"是怎么回事 …………………………… 070

第三章 历 史

伯牙摔琴 …………………………………………… 072
崔杼杀史官 ………………………………………… 074
范蠡功成身退 ……………………………………… 075
奸臣蔡京 …………………………………………… 078
柳庆代父起告示 …………………………………… 080
满族以"八旗"而闻名 …………………………… 081
蜜坛子里的老鼠屎 ………………………………… 083
什么叫"禅让"制 ………………………………… 084
陶渊明"不为五斗米折腰" ……………………… 086
王育卖身赔羊 ……………………………………… 088
为什么春秋战国时期会出现"百家争鸣" ……… 089
为什么土族自称"白蒙古" ……………………… 091
武则天的无字墓碑 ………………………………… 092
信陵君"窃符救赵" ……………………………… 093
宰相为何称"中堂" ……………………………… 095
朱元璋大杀功臣 …………………………………… 096
祖逖闻鸡起舞 ……………………………………… 098

第四章 动物、植物

爱凑热闹的蟾蜍 …………………………………… 102
不会迷路的企鹅 …………………………………… 103
长毛的绿毛龟 ……………………………………… 104
动植物的结合体——冬虫夏草 ………………… 105

对人类有用的夹竹桃	106
鳄鱼的眼泪	107
飞得最快最高的鸟	108
海里的仙人掌	109
会放电的电鳐	110
会害羞的含羞草	112
会开花的千年古莲子	113
会爬树的鱼	115
会跳舞的电信草	116
会笑的树	118
力大无穷的小动物	119
蚂蚁和白蚁	121
能驱鼠的植物	122
奇形怪状的舌头	124
世界上最大的和最小的花是什么花	125
为什么雌蚊要吸血，雄蚊不吸血	126
五颜六色的血液	127
一日三变色的猫眼	128
有免疫功能的植物	129
植物有性别吗	130
"致命杀手"——相思豆	132

第五章 科技、生活

X射线对眼睛有什么损伤	134
不能背着昏迷病人去医院	136
不能滥用抗生素	138
不能随便挖耳朵	140
不怕冷的眼珠	141

不湿的水 …………………………………… 142
吃"维生素"的塑料 ………………………… 144
从看电视看出你的性格 ……………………… 145
电脑验光好不好 ……………………………… 146
豆浆未煮熟有毒 ……………………………… 147
坏鸡蛋会浮在水面 …………………………… 148
会报警的陶瓷材料 …………………………… 149
记忆的最佳时间 ……………………………… 151
空腹吃水果为什么不好 ……………………… 152
聋哑人也能打电话 …………………………… 153
能导电的塑料 ………………………………… 154
能源巨人——核能 …………………………… 156
染发剂会致癌 ………………………………… 157
如何预防电脑辐射 …………………………… 159
生命的 28 害 ………………………………… 160
什么是激光雷达 ……………………………… 162
随身的身份证——牙齿 ……………………… 163
汤泡饭不宜多吃 ……………………………… 164
特殊的刀具——水 …………………………… 165
为什么登山禁止高喊 ………………………… 166
为什么酸牛奶比鲜牛奶好 …………………… 168
温水吃药 ……………………………………… 169
像玻璃一样透明的陶瓷 ……………………… 170
消灭蟑螂的方法 ……………………………… 172
寻找"黑匣子" ……………………………… 173
寻找海底"金山" …………………………… 174
义务献血无损健康 …………………………… 175
用黏结剂黏住钢筋混凝土 …………………… 176
怎样除冰箱异味 ……………………………… 177

植物能给人供血吗 ·· 178
植物也能生产"石油" ·· 180
最耐腐蚀的材料是什么 ·· 182

第一章

在科学技术高度发达的今天,天文学的发展日新月异,新的研究成果层出不穷,不断开拓人类的眼界,引领人类去探索宇宙中许多未知的奥秘。

轨道上的卫星

1984年，美国"挑战者"号航天飞机在太空中伸出机械臂，把一颗瘫痪的太阳观测卫星拖进机舱检修。为了确保这次检修任务的安全，事先在机械臂上加装了两个电阻，以防航天飞机与卫星接触的那一瞬间发生雷击。

雷电是大气层内的天气现象，难道没有空气的外太空也会发生雷击吗？还真有这种可能！

外层空间虽然没有雷雨云，却充斥着许多带电粒子。特别是离地面几十万米到几百万米处，存在着由地磁场俘获的高能粒子组成的环状内辐射带。卫星整天在这里运行，就像气球与毛衣不断摩擦，表面不断积集电荷。那颗太阳观测卫星入轨已有4年，航天飞机上天不过几十小时，两者表面的电荷量悬殊，可能存在极高的电位差。当它们接近时，就像两片带不同电荷的云彩相遇。说不定会出现"太空霹雳"。若在它们之间加装了电阻器。接触放电要平缓得多，就避免了雷击。

就是同一颗卫星表面的不同部位，如果是相互绝缘的，经过长期运行也会形成几千伏高的电位差，导致高压放电，烧毁灵敏的仪器。现在卫星设计师都尽量给航天器穿上导电的"外衣"，改善各种部件的"质地"，以防上天以后不幸"触电"。

航天母舰有哪些种

我们所熟悉的称霸海域的当然要算航空母舰了。有了航空母舰，各种飞机便可以从海上起飞，去完成战斗任务。航空母舰虽然具有多种战斗能力，但只能使飞机飞向天空，不具备使飞机进入太空的能力，于是，大胆的军事家们想到了研制"航天母舰"。

"航天母舰"并非神话。世界各军事大国都投入大量资金对"航天母舰"进行研究，并取得了进展。目前，"航天母舰"设想方案大致有以下几种：

1. 宇宙飞船型航天母舰

这是航行在离地面3.6万公里的地球同步轨道上的一个巨大宇宙飞船。它的组成部分有包括四架航天飞机、两艘太空轮船、一个轨道燃料库和一个太空补给站的"航天舰队"。航天飞机可在航天母舰上自由起飞降落；太空燃料库、太空补给站和航天母舰对接，在供应燃料后自行脱离。航天飞机还可以从航天母舰上往返地面，从而大大扩大了飞机的活动空间。

一个航天母舰也等于一个庞大的武器库，它不仅装配有导弹、火箭，还拥有定向束能武器。这种武器靠加速器射出高速电子、质子和重离子等带电离子流，一旦击中目标的要害部位，可使其软化、变形、穿透、烧毁等。

操纵航天母舰的是由几百名宇航员组成的"航天大军"。他们的指挥部设在航天母舰上，其他人员则分散于各个航天飞行器上。在太空训练与作战，形成一支神力无比的"天军"。

2. 飞艇型航天母舰

美国科学家设计的飞艇型航天母舰是一个巨型飞艇，长2.4公里，飞艇艇壁由先进的蜂窝状复合材料制成，厚度3米。在飞艇顶部设有可供直升机和短距离飞机起降的跑道，底部是一个巨大的屏幕。飞艇由160部发动机推进，时速可达160公里，所用电源由汽轮发电机、太阳能板和一套热电转换系统联合提供。飞艇内充入的是氦气，十分安全。为了便于飞艇航天母舰与地面联系，在母舰上配有6艘小飞艇，它们均可与母舰连接与分离，小飞艇作为母舰与地面的联系工具，用于运输人员与物品。

3. 飞翼型航天母舰

飞翼是一种无机身、无尾翼，仅有机翼的飞行器，其结构简单，飞行阻力小，载重量很大。于是，有的科学家建议利用空中若干个飞行的飞翼在空中对接而形成"航天母舰"。

从同一机场或不同机场起飞的若干个飞翼，在指定空域进行快速空中对接，连接成一个大"飞翼"。大飞翼的规模可根据军事需要，并按照人们预先选定的最佳航线，在空中长期飞行，航天飞机可以在其上起飞与降落。

4. 地球航天母舰

在地球上起飞的飞行器要想飞往太空。就必须设法克服地心引力。而如果把机场建在靠近赤道的纬线上的话，飞行器的速度就会提高许多，这是因为在纬度为零的情况下，航天飞行器的速度等于火箭速度加上地球自转速度。于是人们想到在赤道附近国际海域建造一条大吨位的、能发射航天飞行器的军舰，实际上这就是一种航天母舰。这个系统包括航天母舰、专家和其他人员居住、生活用的拖船以及负责供给和护卫的船只。在地球上建造航天母舰，无论从技术与经费上讲都比利用航天飞行器建造航天母舰可行得多，只不过它受地域条件限制罢了。

互赠"礼品"的行星

在八大行星中,火星堪称是地球的近邻。然而这位近在咫尺的伙伴,离我们也有5500万公里之遥,相隔如此之远的两个天体也能互赠"礼品"吗?

首先看看火星给地球的"礼品"。记录在案的已有9件,它们都是一些特殊的陨石。最早的一块出自印度,面积约18厘米×11厘米的三角形状,此后在尼日利亚、南极等地都有发现。其中南极的那块自飞离火星后,经历了几百万年的宇宙流浪才在南极冰层中安家的。

至于地球给火星的回赠就不得而知了,但是从理论上说,"礼尚往来"才合乎情理。有的科学家甚至认为,地球给火星送去的,除了常见的陨石型的物质外,还可能附带送去地球上的微生物。或许,地球上的生命早已在火星上某些适宜的地域繁衍。

行星间互赠礼品的动力是什么呢?是行星表面受到陨星撞击后引发的猛烈反弹,只要反弹物的速度超过行星的第二宇宙速度,反弹物就能在行星际邀游。火星的第二宇宙速度只有5公里/秒,是一个物质很容易逃脱的星球。科学家通过计算机模拟试验证实,从地球上以足够的速度向任意方向发射1000个质点,就有17个可能到达火星,最远的甚至能到达土星。行星际的物质交流远比我们想象得频繁!

来历不明的玻璃陨石

暴雨过后的海滩上，常会出现一些奇异的玻璃质石块。它们的颜色应有尽有，外形有圆饼状、水滴状、哑铃状、纽扣状等。它们集中分布在中国、象牙海岸、捷克、美国等4大地区，年龄在70万年到3500万年之间。这就是有名的"雷公墨"，西方称"达尔文玻璃"。关于它的身世，中外科学家提出一个个假说。

在地内说中，有的认为是闪电效应致使岩石熔融而成玻璃陨石的。但闪电无处不在，为什么玻璃陨石只分布在有限的几个区域呢？也有的认为是火山爆发形成的。但火山爆发是随机发生的，它不能说明玻璃陨石在同一地区时间上的一致性，并且在一些活火山爆发后也没有发现玻璃陨石。在天外说中，有的认为是陨石撞击地球时使岩石熔化而成，但它不能说明玻璃陨石最久只有4000万年的短暂年龄。

"雷公墨"的一个比较可能的来历是：距太阳表面145～240万公里处有两个椭圆形物质环，其成分类似于石英的硅酸盐，温度为1300℃左右。在太阳的4次剧烈爆发中，物质环中的物质被抛至宇宙空间，其中降落到地球上的凝固成玻璃陨石。

黎明前的黑暗

  白天的天空蔚蓝而又明亮。你知道天空中的亮光是怎样形成的吗？原来太阳光照射在地球的大气层上，大气层中的空气分子和悬浮在空中的微小尘埃纷纷予以散射，从而形成亮光。所以如果没有大气对光的散射作用，我们就看不到亮光。在太空航行的宇航员之所以看到太空周围呈一团漆黑就是因为没有大气对光的散射。那么，黎明前的天空为什么特别黑暗呢？原来，地球上空气分子和微小尘埃的分布是不均匀的，靠近地面的空气分子和微小尘埃较多，在高空则稀少。天亮以前，太阳光照射在离地 3 万公里的高空，那里空气稀薄，散射作用微弱，所以这时天还没"亮"，人们只能看到银河星光闪闪。随着地球的转动，太阳光逐渐往下照射。当太阳光渗入到 2000~3000 公里高空时，那儿已能散射出很微弱的亮光。这些亮光虽然还不能射到地面，但已足够把星光冲淡、淹没。这时，天际中一点星光也不见了，地面又没有增加亮光，于是就变得漆黑一片，伸手不见五指。所以黎明前的一刹那比夜晚其他时间更黑暗。

流星和陨星有什么关系

　　流星，是一种天空中常见的自然景观。大多数流星，仅是太阳系中大量存在的固体尘粒。它们的质量大多不到1克重，广泛分布于太阳系各大行星之间，在太阳引力的作用下，沿着各种可能的轨道运行。地球在自己的轨道上运行的时候，往往和它们的路线相遇，受到地球的吸引，它们便以每秒30～60公里的速度从外层空间进入地球大气层。由于空气的阻力，流星体便和大气发生剧烈的摩擦，一般在离地面120公里高空处开始发热发光，到距地面70～80公里高空处就化为灰尘和气体。大气高层的夜光云，就是这些灰尘遗留在那里而形成的。这样的流星仅是在其发光的一刹那人们才能看见。因此称之为飞流星。有时流星的光很亮，即使横过月亮附近也可以看见，这就是所谓"流星赶月"。有时候地球穿过一颗彗星的尾部，便会产生一阵光彩夺目的流星雨。1872年11月27日晚上，当地球穿过一颗彗星的轨道时，天上下了一场长达几小时的流星雨，点缀得星空分外美丽。

　　1966年11月16～17日的夜间，地球上出现了一场在现有纪录中最大的流星雨，从北美洲西部到前苏联东部都可以看到。根据统计，从1966年11月17日零时5分开始的20分钟内，在美国亚利桑那州上空出现流星，平均每分钟达2300颗。这是一场属狮子座流星群的流星雨。狮子座流星群中的小物体沿椭圆轨道分布，公转周期是33年又3个月。所以每隔33年就出现一次浓密灿烂的流星雨。1833年和1966年也出现过大流星雨，据说有些地方在1小时内可以看到几十万颗流星。

也有的流星个体较大，在高层大气中摩擦发光后仍消耗不尽，可以穿入大气低层。当其破开空气前进时，会产生震动的波浪，发出声音，这样的流星叫做火流星，落到地面上称为陨星。有的火流星撞击在地面上，会撞出一个大坑。同月亮上的环形山十分相似，叫做陨星坑。陨星，人们习惯上统称为陨石。

火流星是相当罕见的，因此陨石也相当珍贵。陨石是最真实的天体标本，研究陨石可以了解宇宙中一些天体的结构成分。人们在陨石内发现了许多在地球上未曾发现的矿物，在1969年坠落在澳大利亚的一块陨石上发现了18种氨基酸，这对于研究宇宙中的生命问题提供了十分宝贵的资料。

按陨星所含的成分，可分为石陨星（陨石）、铁陨星（陨铁）和石铁陨石等。在整个地球上，平均每年约掉下150颗陨星。

1920年，在非洲纳米比亚南部格鲁特丰坦附近的西霍巴地区，发现一块大陨铁，长2.75米，宽2.43米，重达5.9万公斤。这是目前发现的最大陨铁。这块陨铁至今还留在坠落的原地。

能够用来通信的流星

有一个古老的传说：当你看见天边飞过一颗流星时，赶紧许一个愿，就会梦想成真。这当然只是美好的幻想，然而流星确实有一种奇异的功能：它可帮助你与远方的亲友通信。

我们平时难得看见几颗流星，其实天上随时都有流星出现，不过绝大多数流星体都只有灰尘或砂粒那么大，与大气摩擦后瞬间就烧成气体，难以用肉眼看到。但是最小的流星在燃烧时，也会在大气层约90公里的高空留下一条尾迹。这条由电离气体组成的"尾巴"，平均存在时间为零点几秒，大流星尾迹可留存好几分钟或更长久。对于无线电超短波，流星尾迹如同一面镜子，能把地面发来的电波信号反射到远处，这与通信卫星转播电视节目的原理是相同的，由于地球表面呈圆弧形，而超短波只能直线传播，所以相距较远的两地通常无法用超短波通信。

每天闯入大气层的流星有上亿颗，理论上你随时能找到这种"天然通信卫星"。但流星的出现毕竟是没有规律的，用于流星尾迹通信的电台也就比较复杂。它有一种压缩信号的本领，能将语言或电报、数据等信息暂时压缩贮存，等到发觉一颗适用的流星出现时，赶紧把"积压"下来的一段信号快速发出去。而接收一方的电台则将断断续续收到的信号"修复"成原先的模样。我国丹江口水利枢纽管理局于20世纪80年代，就启用了先进的流星余迹通信洪水预警系统。

天　文

人类在宇宙中是孤独的吗

人类在宇宙中是孤独的吗？其他星球上或其附近有没有生命存在？这些问题的提出比我们知道恒星是别处的太阳还要早。

讲到宇宙中其他天体上的生命，这里只谈那种和地球生命的化学成分类似的情况。特别要提出的先决条件是，这种生命必须依赖于液态水。

生命进化的过程如此漫长，把它和恒星演化的时间去对比没有什么不恰当。至少35亿年前地球上就已有了比较高级的单细胞生物蓝藻，而地球的年龄也不过50亿年。

如此看来，那些大质量恒星发光发热只能维持几百万年，因此对于生物进化来说实在太短暂了。寻找生命的合适空间对象只有从质量相当于或小于太阳的恒星中去找。

我们所在的银河系中大约有上千亿颗恒星，绝大多数的质量都算"合格"，因为质量较大的恒星终究比较少。

银河系中恒星的发光发热年代都很长，都足以使智慧生物渐渐形成。然而有一个重要条件，这颗恒星必须是单星而不是双星。因为在双星系统中，行星很可能不是被其中一颗恒星吸进去就是被甩到宇宙空间。如此算来，银河系中还有400亿颗恒星伴有行星。

有了行星还不够，这颗行星与恒星的距离及其质量至少能够满足液态水的存在。

如此算下来，银河系中可能有100万个存在生物的行星，这些生物也演变了40亿年，只不过处于各自不同的进化阶段。

人类最感兴趣的莫过于能够和外星生物联系和交往，而就人类

而言无线电信号是目前进行这种联系的唯一可能的办法。

可是,处于进化早期阶段的蓝藻不会发射无线电信号,只有较高级的智慧生命才能做到这一点,但一个文明社会究竟能存在多久呢?

如果这种比人类更进步的生命能保持足够的兴趣和能力,和平地过上100万年,那么,能够向宇宙空间发射信号的文明社会只有250个。

如何和这些社会进行联系呢?我们假定这些行星是均匀地分布在银河系中,那么相邻的两个文明社会的平均距离是大约4600光年。我们发出的信号要飞行4600光年才能到达离我们最近的文明社会,要等到回音至少需要9200光年!希望我们的文明能持续到那一刻。

木星探测器"先驱者"10号和11号各带有一块雕刻镀金铝饰牌。这两个飞行器完成探测木星任务后将飞出太阳系奔向宇宙空间。它们带去了有关我们在宇宙中的位置和关于人类本身的情况。

别处的智慧生物只要把这种宇宙名片拿到手,就能了解我们人类相当多的情况。不过将成为他们不解之谜的是我们人类的长相如何。

太空的"车祸"

1979年8月30日,美国的一颗卫星P78-1拍摄到了一个罕见的现象:一颗彗星以每秒560公里的高速,一头栽入了太阳的烈焰之中。照片清晰地记录了彗星冲向太阳被太阳吞噬的情景,12小时以后,彗星就杳无踪迹了。

这种"太空车祸"的记录还可以向前推近100年。1887年,人们观测到一颗彗星在行经近日点时彗头被太阳吞噬;1945年,也有一颗彗星在近日点"失踪"。

由于太阳表面温度甚高,所以太阳曾与多少行星、彗星相撞过,我们无法考证。而在月球上,星体的每一次撞击,几乎都留下了痕迹。所以从望远镜中看,月亮的表面竟伤痕累累,遍布着坑坑洼洼。据观测统计,月亮上的坑洼多达3万个以上。根据这些坑洼中月岩的绝对年龄测定,在距今39亿年前,曾有过频繁的行星轰击现象。当时撞击月球的陨星密似"雨点",形成了现在被天文学家称为"雨海"的坑洼群。

在人类历史上,有人曾亲眼目睹过流星撞击月亮的瑰丽景象。1178年6月18日黄昏,坎特伯雷的修道士杰斯看到:正当新月刚刚爬上天际之时,突然上端的月牙被分裂为二,裂缝中间出现了一把点燃的火炬,火焰一跃而起,向上窜出,烈火熊熊,好像炽热的煤块,迸发着火星。火焰使得新月变了形,随后,当新月回复到常态时,弯月从一角到另一角,全身失去了光亮,显得乌黑。

太阳系中大约有1000颗小行星,在许多星体表面,都有着大小不一的陨石坑。这说明星际间的碰撞现象是很多的。

1979年3月5日，在不同轨道上的9颗人造卫星，同时记录到一起罕见的γ射线爆发。不仅爆发的强度比以往探测到的强得多，而且爆发之后，又出现了一个持续好几分钟的，周期为8秒的微弱脉动。美国洛斯·阿拉莫斯实验室的迈克尔·纽曼认为，这一γ射线爆发来自星际间小行星与中子星的碰撞。

在遥远星际空间的小行星，很像是星际"流浪汉"，它们很可能是超新星爆发时被击碎的行星碎块。洛斯·阿拉莫斯实验室的科学家用电子计算机模拟跟踪一颗假想的质量1000亿吨的小行星，考察它与一颗中子星撞击时的情景：在相距10万公里距离时，由于中子星的巨大引力作用，使小行星土崩瓦解，碎片被拉成100公里长、几十米宽的细长条。碰撞时间大约为十亿分之一秒，碰撞产生的巨大动能，很快就转变成热能，从而产生强大的γ射线爆发。同时，在中子星强大磁场的作用下，小行星碎片汇集到中子星的磁极区，并在中子星被击中的表面产生出色彩艳丽的X射线光辉。这一有趣的设想和模拟跟踪试验，正引起许多科学家的关注。

地球也遭到过行星撞击，地球环绕着倾斜的地轴自转这一事实，就是证据之一。

地球侧斜着身子绕太阳运转，正因为如此，地球上才有春夏秋冬之分。地轴为什么会倾斜呢？前苏联天文学家沙弗洛诺夫提出：在地球形成后约1亿年，地球轨道近处一个小行星突然闯进地外空间，与地球猛烈相撞。由于原始地球没有大气层保护，这颗直径约1000公里，重量达1012亿吨的星体以每秒11公里的速度撞向地球，使地球的自转轴发生了23.5°的倾斜，表面温度升高了1000℃。这一飞来横祸结果反而成了好事，使地球从此有了四季，更适宜生物繁衍生长。

证明地球曾受过行星撞击的另一个事实，是在地壳中的中生代地层和新生代地层的里面，发现了一层含铱较丰富的薄黏土层。铱是比黄金、铂更贵重的稀有金属，在地壳中含量极少。而在地核和小行星、彗星中，铱的含量就多一些。科学家认为那时（距今约

6500年前）地球遭到了一颗巨大的镍铁陨星的撞击。它的化学结构与地核十分相似，因此含铱量比地壳中丰富，从而在地壳中留下含铱量突增的痕迹。

科学家还认为，当这颗巨大的镍铁星撞击地球时，由于气温的升高，尘埃的弥漫，地球上有75%以上的物种被灭绝，地球险些成为不毛之地。只有那些繁殖率高，适应性强的较小物种，才勉强存活了下来，而许多大的两栖类爬行类动物，都灭绝了。生物考古证明，曾称霸于地球的恐龙，就是那个时期在地球上销声匿迹的。因此，有不少科学家认为，地球上恐龙灭绝的原因，是因为小行星或巨型彗星的撞击。

人们也许会问：偌大的行星、彗星撞击了地球，怎么没有像月球那样，在表面留下累累伤痕呢？主要由于长期的冰川刨蚀、雨水冲刷、河川侵蚀，把行星撞击地球留下的大部分痕迹都抹平了，有的则被深埋在地表覆盖物之下。尽管如此，当人们乘着飞机、宇宙飞船或从卫星拍摄的照片上看，仍可发现地球上分布着众多的陨石坑痕迹。在地球上现在可以确定的直径大于10公里的陨石坑就有95个之多，其中有两个直径大于100公里。

1978年，两位物理学家偶然在墨西哥尤卡坦半岛地下1公里处，发现外围环形、直径长达180公里的地下陨石坑。在此以前，俄罗斯西伯利亚直径达100公里的波尔盖凹地，曾被认为是世界最大的陨石坑。在众多的陨石坑中，保存最为完整的是美国亚利桑那州科科尼诺县沙漠的"巴林杰陨石坑"。它的直径达1.3万米。深达180米，周围有30~45米高的泥土边缘，很像月亮上的小环形山。最奇特的陨石坑则是加纳的波森维湖，这是世界上最圆的湖，就像圆规画出来的一样。

地球上众多的陨石坑，还使科学家提出了这样一个看法：地球上95%以上的岩石来自"天外"，认为地球岩石圈是天外星体和宇宙尘埃组成的。美国科学家西费特和默陶详细地调查了地球上陨石坑的分布与绝对年龄的数据，得出了行星撞击地球是有规律性的，

其周期与地球上的造山运动相吻合,从而提出了地球上山脉崛起的动力来自天体撞击的假说。

"太空车祸"频繁,居住在地球上的人类是否危险呢?其实大可不必忧心忡忡。因为前面叙述的地球与行星相撞事件大多发生在地球形成之初。那时,地球还没有大气层这层天然的防护衣,大小星体都可以长驱直入撞击地球。而现在,星体穿过稠密的大气层时将摩擦燃烧,待落到地面,大多已烧成灰烬和碎片了。据统计,未烧光的陨石平均每年在地球上只能找到几块;能在地球上轰击成直径1公里陨石坑的星体碰撞事件,大约每100万年才发生3次,而能产生10公里直径陨石坑的碰撞事件,要1亿~2亿年才有1次。

随着科学的发展,人们还希望化祸为利。如设想应用航天技术来指导,截俘这些可能轰击地球的小行星,或设法使它改变轨道,或用氢弹在太空中将它炸碎。如果将要降落到地球上来的天体是含贵重金属的矿体,则可以让其按人们指定的地域,落到地球上来形成一个富矿。如前苏联有一个金刚石矿,就是陨星撞击形成的。位于加拿大五大湖畔的萨德伯里镍矿,是17亿年前一块特大陨石撞击地面形成的。

太空中的死亡是怎样的

这是个有点恐怖的问题，我们只是把它当作了解宇宙空间的一个例子。

如果一个人不加装备地进入太空环境，他马上就会死亡。太空属于真空环境，人在真空中无法呼吸，肺里剩余气体用完以后，通过血液输送到人体各器官的氧气也马上消耗尽，人因缺氧而头晕目眩，失去知觉，几分钟就会死亡。

人死亡后，由于太空中没有气压，人体中的水分蒸发掉了，皮肤会起水泡，部分血管破裂，局部产生创伤。人的皮肤很结实，即使不采取任何保护措施，尸体也不会破损，人的骨骼不会干成一堆，只是其重量会大大减轻。

受到阳光照射而干枯的皮肤不仅不会破裂，而且不会变成黑色或棕色，这是因为皮肤的有机分解作用已经停止。干枯了的皮肤只要不被碰撞或摩擦就不会自行脱落，虽然它已经失去了弹性。

假如人是在月球或火星上死亡，人体中的水分不是被蒸发掉而是会被冻结。

当太空中的缺氧事故发生时，缺氧的宇航员在临死时会不自觉地大声狂笑。缺氧是太空死亡的一种，还有更可怕的，那就是大量的辐射。众所周知，我们地球上的人免遭大量紫外线辐射的伤害，是由于地球磁场和大气层的屏蔽作用。但是太空或其他一些天体上并不存在这种保护，其伤害是严重的。

另外，宇宙飞船和宇宙空间站的核动力发电机以及将来建在月球或火星上的原子反应堆，也有可能招致核灾难。一旦发生严重的核辐射超标事件，人的中枢神经系统就会受损伤，并在两小时内死亡。在前一个小时内，人会瘫痪动弹不得，继而失明，引起痉挛，最后在昏迷中死去。

太空是个引人入胜的地方，充满了各种各样的天体，展现了各种各样壮观的景象。但也是非常危险的，到处充满了死亡的陷阱，因此进行太空飞行需要极大的勇气。

太空中人的生理有什么变化

每一个宇航员上天初期,都有明显的不适反应,主要是心跳速度在飞行加速时明显提高。据统计,宇航员起飞前,平均心跳每分钟62次,而飞行加速时达到每分钟109次,以后又下降稳定在每分钟70次。此时血液向头部集中,引起头胀鼻塞、面部浮肿、颜面潮红,伴有恶心感,严重的甚至呕吐,这种情况称为"航天病"。但在各个宇航员身上表现程度不同,就像有人会晕船有人不会晕船一样,经过一段时间可以逐渐适应。

据测定,宇航员飞行一天失钙1%～2%,以骨骼中的钙缺乏最为严重。所以飞行回来宇航员骨头会变得较疏松、较脆,容易骨折。宇航员尿中的钙含量为地面时的3倍,可见钙主要通过排尿而损失。

飞行一次,宇航员体重会下降4～6公斤。但返回地面一天之后,便能增加2公斤。这和太空中人体容易脱水有关。太空飞行中,由于体液的失常和血液的再分配,因此人体脱水不可避免。美国阿波罗飞船登月舱驾驶员身体体积比在地面时缩小了2.5公升。而指令舱的驾驶员身体缩小了6.9公升。

宇宙飞船绕地球轨道做圆周运动时,飞船运动的离心力和地球对飞船的引力相等。由于这两种作用力方向相反,使飞船上的人和物体处于失重状态。在失重条件下,会出现一些难以想象的奇妙而有趣的现象,这对人的生活、健康有着重要的影响。

人类在进化过程中,长期生活在恒定的地心引力条件下,形成了内环境的平衡。人体主要是由软组织、骨骼、体液构成的。重力对这些成分的作用不同,在进化中形成了这些基本成分之间的一定

比例。骨骼结构的坚固性和它的功能、肌肉的主要活动，体液的分布特点，保证了对重力的对抗，使人体得以生存发展。

人类进入宇宙空间前，曾有人预言，失重可能破坏人体的内环境平衡，使人的生理功能发生不可恢复的变化。甚至断言，谁要摆脱重力，谁就将因发生心力衰竭而死亡。人在宇宙空间生活的实践证明，人在失重时，生理功能要发生变化，但不像那位悲观者预言的那么严重。失重时人体生理功能改变，主要是血液和体液重新分布，大量的血液和体液向头部及上半身集中。大约有2公斤血液和体液淤积到头、胸部，引起头、胸部脉管扩张；面部及上肢浮肿、下肢皱缩；胸部充血增多，心脏增大；血液中红细胞下降约10%，心血输出量减少30%，全身循环血量减少1/5；体内大量失水而造成血浆变浓，血液容量下降。宇航员刚从飞船走下地面，甚至一时不能直立行走，要别人扶着走一段才能行动，这也表明体力消耗是颇大的。

习惯于地球重力生活的人，一旦进入失重环境，将会感到新奇。人体的重量消失了，行动起来真正是身轻如燕，掌上可舞。在舱内可以自由地飞来飞去，也可以停留在空中。在空中失重条件下，站着、坐着或躺着睡眠都一样舒坦，只是必须用带子把自己固定在座椅上，或束缚在固定的睡袋内，以防飘走或到处乱撞。由于飞船内没有我们习惯的白天黑夜之分，只能按钟点执行起居。

在失重情况下，宇航员会觉得头部知觉和身体知觉不协调，闭上双眼时，判断不清周围物体和自己身体的相对位置，有时感到眼前冒金星并有幻觉。

失重条件下人的姿态反射失灵，摇摇晃晃站立不稳，因而走路要十分小心，要穿上鞋底带爪子的特制鞋，想站住时就把爪子插进有网格的舱壁上稳住身体。如到舱外活动，就要操纵带在身上的一组喷气嘴，控制来去行动。

宇航员不仅空间生活奇特，在飞船从地面发射时还要承受强大的"过载"考验。飞船在发射加速阶段，宇航员要承受5～6G的过载，使人感到体重增加五六倍，若采取坐的姿势就会使人体血液涌向下肢，造成脑细胞贫血缺氧而死亡，因而必须让宇航员采用躺卧的姿势。航天飞机在发射时的过载只有3G，一般的人都能承受，这为更普遍的空间旅行开创了条件。

现在，对太空人体生理学的研究正逐步开展，要实验的内容很多，包括人体在太空中的无机盐平衡、体液生化反应变化、体内微量元素变化、人体新陈代谢率的改变、前庭功能变化等项目，我国近年发射的神舟九号、神舟十号也在进行这方面的探索与研究。可以预见，这些研究将会更多地揭示人在太空中如何变化之谜。

太阳"发抖"的秘密

地震对人类来说是一种巨大的自然灾难，我们在新闻中经常可以看到因地震造成惨重损失和巨大伤亡的报道。地震是由地球内部运动引起的，那么太阳内部更加剧烈的活动是否会造成"日震"，也就是说太阳是否会不定期地出现"抖动"现象呢？

20世纪60年代，美国天文学家诺克等科研人员在观察太阳表面气体运动时终于揭开了太阳不断发抖的面纱。他们发现，太阳表面约有2/3的范围都有纵横约1000～500100公里，深浅达30公里的气流运动。太阳就像一颗体积巨大的心脏在不停地一胀一缩地脉动。天文学家认为，太阳的抖动是由于内部放射的声波所形成的压力和自身引力共同作用的结果。但由于太阳离地球过于遥远，且能量巨大，天文学家对其内部运动还不能确切认识，只是大致估计。

然而，值得关注的是，太阳两极略扁，赤道略有凸起的发现使科学家推测太阳核心在快速旋转并且运动速度比外层快近十倍。准确测量太阳的"震波"，分析太阳"发抖"的内在含义，已成为现代太阳物理研究的一个重要课题。为此，国际上许多天文台联合起来组成观测网从不同的角度对"发抖"的太阳进行长期连续地观测和研究。

相信不久的将来，科学家将可以破解太阳"发抖"的真正原因，这对研究太阳自转和磁场变化及其活动规律都有着非常重要的意义。

天狼星伴星在科学上有哪些价值

　　天狼星是天文学家的"座上宾",这不仅仅因为它是全天最明亮的冠军,曾推动了埃及古天文学的发展,也不是因为"天狼星人"之类的离奇故事动人心弦,主要是因为1844年,德国天文学家贝塞耳在观测时发现它在宇宙空间作着奇妙的波浪式运动。当时贝塞耳认为,只能用天狼星旁有一颗伴星来解释,而他所以看不见伴星,仅是因为当时的望远镜威力不够而已。

　　1862年,美国克拉克父子为了检验自己磨制的口径47厘米的折射望远镜的质量如何,就直接将它指向了这颗亮星。果然,在望远镜的视场中,他们马上发现了天狼旁有一颗任何星图上都没有标出来的小星星,亮度大致为8等,它几乎淹没在天狼星强光之中。仔细测定位置后发现,它正位于贝塞耳预言的双星轨道的位置上,证实了18年前的科学预言!克拉克父子当时还是名不见经传之辈,这一下人们不得不刮目相待了,他们因此荣获了法国科学院的奖章。

　　天狼与它的伴星太阳的距离理应看作一样,既然亮度相差10个星等,表明它们发出的光相差1万倍,最合理的解释是伴星的表面积是主星的万分之一左右。如此看来,它的半径是主星的1%上下,即比地球大不了多少。可另一方面,用开普勒定律,从它们的轨道求得其质量却比太阳小不了多少。有了质量、半径,便不难算出这颗伴星的平均密度。天文学家一算,不禁咋舌:每立方米竟达17.5万吨!就是说,仅仅苹果那么大一团物质,竟有好几吨重!这在当时简直是不可思议的事。现在知道,天狼伴星是人类发现的第一颗白矮星。白矮星的特点是表面温度很高,半径与行星相仿的老年恒

星,平均密度可达 $10^8 \sim 10^{10}$ 千克/米^3。由此可知,天狼伴星是恒星世界中的"老人"。

白矮星为什么会有这样令人不解的奇特性质呢?这应从它的来源谈起。现在人们对它的研究还不太充分,原因之一是它们太暗,不易观测,但从一些蛛丝马迹中可以知道,白矮星至少有两种产生方式:一是超新星爆发,特别是质量较大的Ⅱ型超新星一声大爆炸,把外部的物质炸得四处乱飞,成为超新星遗迹,而内部剩下的核若质量较小,则这个"核"便变为白矮星。第二种方式是来自行星状星云。行星状星云的中央常有一颗很小的高温星,一般认为,这颗中央星的归宿也是演变为白矮星。

由此可见,白矮星虽然也是恒星的一员,在赫罗图上也占有一席之地,但实际上它只是恒星内部的核心部分。由于核反应已经全部进行完毕,它已失去了能量的来源,因而它再也不会燃起任何星星之火来。随着时间的推移,它的表面温度只会越来越低,从白矮星到黄矮星、红矮星,到只发红外光的红外矮星……最后完全熄灭、晶化——当然今天谁也没有观测到这样的结局。目前人们的技术,对于不发出任何辐射的天体还无能为力。

天狼伴星不仅是人们最早知道的白矮星,也是离我们最近、视亮度最大的白矮星。而且,它还为爱因斯坦的广义相对论出了大力。在1905年,爱因斯坦发表的一篇论文提出了"狭义相对论"。当人们还未弄清其中奇妙的含义,为时间、距离、质量的变化闹得头晕目眩的时候,1915年他又提出了"广义相对论",认为人们生活的空间并非是像牛顿所说的那种三维平直空间,而是弯曲的空间。为了说明他的观点,他曾把它夸大后作了一个比喻:如果有一架能看到无穷远处的望远镜,那他从望远镜内一直瞄准下去,终于会发现他看到了自己的后脑勺,即光线在弯曲空间中绕了一大圈后又回到了原地。

爱因斯坦的理论真是高深莫测,许多人感到茫然,一些科学家们也是疑信参半。最好的办法当然是用实验来验证,可是要验证相对论需要涉及巨大的质量和空间，在地球上哪儿也"放"不下爱因斯坦的"实验桌"。然而，天狼伴星却做了一个有力的证人，因为白矮星质量大，半径小，表面上的引力加速度特别大，从白矮星发出的光要克服它的重力，必然要消耗一些能量，于是谱线的波长会偏向红端一些，这就叫引力红移。1935年，美国天文学家亚当斯用当时世界上最大的胡克望远镜（口径2.5米），拍摄了它的光谱照片，证实了确实存在着这种引力红移，而且，红移的波长值与广义相对论理论估计的不谋而合！

天王星有一颗"冷酷的心"

在八大行星中，假如把木星称为"热行星"的话。那么天王星就是"冷行星"了。虽然，它与太阳距离要比海王星近1倍，但表面温度却与海王星一样，比冥王星高不了多少。通过对它辐射能的测定得知，其辐射的能量只有6%来自星体内部，而木星、土星、海王星却有40%。由此可见，天王星是太阳系中唯一缺乏内部热能的行星。

按照现行的天王星结构模型推算，它的中心温度只有2000℃～3000℃，远远低于其他行星。另外，在其核外，是一层厚达1万多公里的幔。与众不同的是，这层幔是由水冰、氨冰和甲烷冰组成的。这层厚厚的冰层足以使天王星变得"冷酷无情"。

要从根本上说明天王星的冷，还得追溯到它的起源与演化历史。根据它的占总质量50%的高含冰量，有人认为它是由无数彗星聚合而成，而彗星正是一颗颗冰冷的"脏雪球"。又有人认为，它的倾斜98°的自转轴暗示在它演化的早期曾受到过一次猛烈的碰撞，这一撞虽未致命，但却损失了大部分热能，使它变冷。

为什么太阳会熄灭

天文学家经过长期精心的研究，肯定宣告：太阳最终是会熄灭的，但大约要到50亿年之后。

像人的一生一样，太阳及所有恒星也有初生期、青壮年时期和衰亡期。这个演变过程是十分漫长而复杂的，大致可分为五个发展阶段。

第一阶段是太阳的"幼年期"。最初，原始星云在自身引力的作用下不断收缩，内部的密度、温度不断升高。经过数千万年，便形成了原始太阳———个主要辐射看不见的红外线的热气体球。

第二阶段是"青年期"。这时，太阳内部温度继续升高，当中心温度达到700万度时，太阳内部的热核反应开始进行，并开始发射可见光。这是太阳一生中最漫长、最稳定的时期，天文学上称为"主序星"阶段。太阳在这个阶段大约要停留100亿年。

第三阶段是"中年期"。太阳在度过漫长的主序星阶段后，便开始进入中年期。当太阳内部热核反应的"燃烧圈"已近半个太阳半径时，"燃烧"过的中心部分将发生坍缩，坍缩过程中将发出巨大的能量。这些能量一方面使中心温度进一步提高，以致发生进一步的核反应；另一方面促使太阳外部大幅度地膨胀，使得它成为体积很大、密度很小而内部温度很高、表面亮度很强的天体，天文学上称为"红巨星"阶段。那时，太阳的直径将扩大到现在的250倍，水星、金星甚至地球，都将被吞没。太阳在红巨星阶段大约停留10亿年。

第四阶段是"老年期"。红巨星阶段以后，太阳内部的反应过程更加复杂,它将转变成一颗周期性胀缩的脉动变星,恰如一个患气喘病的老人。这一阶段历时不长。

第五阶段是"临终期"。这时的太阳,内部核能已基本耗尽,因此太阳整体将发生坍缩。坍缩过程中,太阳内部被压缩成一个密度很高的核心,同时释放出巨大的能量,将太阳的外层"掀掉"。这时它突然增亮,变得像颗新星!被抛出的太阳物质在空间将成为膨胀星云;太阳内部的高密度核心将成为一颗白矮星而缓慢冷却。这颗白矮星正是太阳的"墓碑",它将长久地留在宇宙空间。

天文学研究表明,太阳目前正处于精力旺盛的主序星阶段,它至少还可以稳定地燃烧50亿年之久。

未来的太阳——木星

从来"天无二日"。然而这一事实竟受到了挑战,挑战者就是太阳系行星中的老大——木星。

公元前104年到公元1368年间的天文观测资料表明,木星的亮度增加了0.024倍。近来还发现,它向空间发射的能量是它从太阳那儿吸收的能量的2.5倍,这种"出超"说明木星有自己的能源。木星内部的温度现已高达28万摄氏度,而当它的温度达到几百万摄氏度以上时,就能像普通恒星那样启动热核反应,成为能自行发光的天体,那时它就成了名副其实的太阳。

现在木星的质量已达太阳质量的1/1000,是太阳系其他八大行星质量总和的2.5倍。目前木星的质量还在"与日俱增"。太阳由于光辐射、太阳风等原因,每秒钟要损失约上亿吨物质。这些物质,木星照单全收。这样,30亿年之后,木星的质量将与当时的太阳相当。完全可以自行演化成能产生热核反应的恒星。一个垂垂老矣的太阳加上一个风华正茂的木星,那时就"天悬二日"了。

我国女航天员首次太空授课

2013年6月20日上午10时13分,中国首次太空授课在天地间成功同步举行。神舟十号航天员王亚平在天宫一号开展了一堂别开生面的太空授课活动,为全国青少年演示讲解了失重环境下的基础物理实验。此次太空授课活动主要展示了失重环境下的质量测量、单摆运动、人体方向感、陀螺旋转、神奇水膜承住中国结等5个物理现象。

质量测量和单摆运动

在太空中,宇航员像是"身轻如燕"的武林高手。本次飞行任务指令长聂海胜首先向地面学生表演了"悬空打坐",展示了太空失重环境中的独特现象。授课主讲教师王亚平也表演了自己的"大力神功"绝技,用一根手指轻轻一推,聂海胜就飞了出去。

那么在太空中如何测量物体质量?王亚平利用质量测量仪演示了测量过程并成功测出了聂海胜体重。"我们知道:'物体受到的力等于它的质量乘以加速度'。那如果我们想办法测出力和加速度,就可以算出质量了。"这就利用了牛顿第二定律,王亚平解释。

另外,王亚平还展示在太空失重状态下物体的圆周运动现象。"太空中,小球处于失重状态,即使我们给小球一个很小的初速度,它也能绕摆轴作圆周运动;但是在地面上却需要一个足够大的初速度才能够实现。"王亚平说。

太空中无方向感

"我想知道你们在太空里还有没有上和下的方位感呢?"在现场观看太空授课的同学向王亚品提问。王亚平用连续两个90度翻转的

"杂技"表演进行了解释,"在太空中我们自身的感觉,在方位上无所谓上和下的区别,无论头朝向哪个方向,我们自身的感觉都是一样的。不过在天宫里,为了便于工作和生活,我们也人为地定义了上和下,并且把朝向地球的一侧作为是下方,并铺设了地板。"

陀螺定轴性原理

给静止和转动的两个陀螺以同样的干扰力,静止的陀螺会翻滚着向前移动,而旋转的陀螺虽然是晃动但是轴向基本没有改变。王亚平展示了太空的另外一个奇妙现象,"这个现象在地面上可是很难做到的,不过在太空失重环境中就很容易实现。"

王亚平进一步解释了陀螺的定轴性原理:高速旋转的陀螺具有很好的定轴性,陀螺这一定轴特性在天上地上是完全一样的,因此有很多设备都是用陀螺组合来定向。"我们居住的天宫里,也安装了不少的利用陀螺的定轴性原理制作的仪器,用来测量航天器的姿态。"王亚平说。

神奇水膜可承住中国结

除了这些较为理论性的授课,王亚平还展示了吃太空漂浮的水滴、水膜承载中国结、把水膜变成大水球、让水球变色等神奇的太空现象,引来现场学生一阵惊叹。

失重会给人的行动带来不便,但对人类开展研究却非常有价值。利用太空独特的资源,一方面我们可以开展基础研究,另一方面我们还可以为应用服务。王亚平举例,"比如说在失重环境下,我们可以获取到结构更加均匀、完整,尺寸更大的半导体晶体,开展材料的基础研究,通过对比天地的差异,来优化和改进地面的生产工艺。再比如说,在失重环境下,冷原子钟的频率稳定度会大大地提高,可以用于未来的高精度的卫星导航定位系统。"

星星为何"眨眼睛"

在东海之滨的浙江舟山群岛中,有一个旅游胜地——普陀山。1981年4月28日下午2时40分,普陀山临海的百步沙,几千名游客同时见到了一个神奇无比的场面:在东面的梵音洞上空,离地平线大约30度的高空,云海中涌现出朵朵五色彩云,徐徐露出一座琉璃黄墙、巍峨雄壮的千年古刹。大庙的四周树木参天,奇峰叠翠,香烟缭绕,好一个神仙世界!十多分钟后,奇景慢慢消失,目睹者无不如痴似醉,惊叹不已!不用说,这就是著名的海市蜃楼。其原因在于地球大气在某些特殊条件下所产生的独特的折射、反射现象。

地球大气对天文观测也有严重的影响。天体能发出各种不同的"光"(电磁辐射):γ射线、X射线、紫外线、可见光、红外线、无线电波,它们之间的区别只是波长不同而已。地球大气却把许多天体发出的"光"拒之门外,使得几千年来人们对它们一无所知。直到宇宙火箭飞出了地球,才发现了这个广阔的天地,获得了一系列的重大发现。

地球大气虽然肉眼看不见,似乎十分透明,但它厚达1000多公里,天体的光在这漫长的路途中会被减弱。今天大气已受到相当的污染,星光到达地球时已被减弱了许多。尤其是在近地平线的天体,大气吸收可以使星光减弱3个星等——16倍!这也是日出、日落时太阳光不强的原因之一。

地球大气的吸收,对不同色彩的光还有"偏爱"现象,它更喜欢蓝光,对红光则有些"无动于衷",所以阳光中的蓝光在经过大气时被截留了不少。也幸得如此,才使我们的天空变成富有诗意的蔚蓝色。如若没有了大气，就会像月球上一样：尽管白昼的太阳分外耀眼，但天空却永远是漆黑漆黑，那将多么单调乏味！

再说，地球大气并非铁板一块。一堆野火，一把罗扇，都会扰乱它的平静状态。空气经常会出现各种不规则的湍流、团流，冷、热、稀、稠的空气不时在搅拌、混合、置换，这样几乎每一点上，空气对星光的吸收、折射都会呈现出极其复杂的变化。因此，人们用肉眼看去，千万星星都好像在眨眼睛。天文学家在用望远镜观测时，这种星光闪烁更加明显激烈。

大气抖动造成的星光明暗变化是天文学家的大敌，因为它的变化毫无规律。天文台所以位于高山，远离城市，其主要原因就是为了尽量减弱这种无法避免的影响。

一天之内为什么能看到 16 次日出

日出的壮观，令人们心驰神往。其实，在地球上任何地方看日出，也比不上在宇宙空间飞行时看日出那么壮观。

在载人航天器上生活的人，一天可以看到数次日出。这是因为航天器绕地球轨道飞行，每飞行一圈可以看到一次日落和日出，每次间隔的时间长短和绕地球飞行的轨道高低有关。轨道高，日出的间隔时间长，反之则短。20 多年来的载人航天器的运行轨道都还是近地球轨道，飞行高度一般在 300～600 公里，绕地球飞行一圈需 90 分钟左右，所以在航天器上的人，24 小时之内见到 16 次日出。

在宇宙间看日出，不受气候影响。由于太空没有气象上的云雨天气，太空看日出是十分壮观的。美国的一位宇航员说，航天飞机飞行速度很快，太阳出来时好像"迅雷似的"一跃而出，太阳落山时也一样迅速地隐去。日出前先出现鱼肚色，接着是几条月牙形彩带，中间宽两头窄，两头陷没在地平线上，突然，耀眼的太阳从彩带最宽处一跃而出，一切色彩顷刻消失。每次日出日落仅仅维持很短暂的几秒钟时间，但至少可以见到 8 条不同的彩带出没，它们从鲜红色变为最亮最深的蓝色。12 小时之内可以见到 8 次日落日出。而彩带没有一次是相同的。彩带的颜色，每次都在变。彩带的宽度每次也不尽相同。我们知道，彩带实际上是地球上空的气体被污染的证明。我们见到的最壮观的日出日落景色，就是出现在大气污染最严重的地区。

还有一位宇航员说，一天的概念对在飞船上的人来说，和地球上意义完全不同。地球上的一次日落日出 24 小时，在飞船上飞行时日落日出仅仅一个小时，早晨计算机控制的钟叫醒我们起床，起来后拉开窗帘看宇宙，天色好美好美，美极了，阳光灿烂，可是不大一会儿，太阳没有了，天又暗下来了，黑夜又来临了。我们想又该睡觉了。一会儿日出——早晨；一会儿日落——黑夜，真是有趣极了！

银河系是一条亘古不变的"河"吗

世界万物,一切都在变化,在运动。地球在运动,月球在运动,太阳和整个太阳系在运动,恒星也在运动。那么,庞大的银河系是否运动呢?

天文学家研究表明,恒星除了自身漫无规律的运动外,还都围绕着银河系中心运转,就像太阳系里的每颗行星,都在围绕着太阳运转一样。有人曾经把一群恒星的运动比做夏天傍晚时候,聚在一起的一群蚊子,虽然每个蚊子在漫无目标地飞翔,但是整个蚊群,却都朝着同一个方向移动。用这个比喻来想象恒星集团在宇宙空间的运动,的确是十分形象的。

恒星围绕银河系中心的运转速度,一般要比它们杂乱运动的速度快得多。太阳围绕银河系中心运转的速度是每秒250公里,太阳相对于周围恒星运动的速度只有每秒20公里(向武仙座方向)。太阳围绕银河系中心转一周,要花2亿年,如果太阳系年龄以46亿年计算,那么太阳带着它的家族,已经绕银河系中心转了23圈。

如果在银河之外看,全部恒星围绕银河系中心旋转的运动,就相当于整个银河系,像磨盘一样,正在不停地自转。

当然银河系的自转,不能简简单单地与磨盘相比。因为磨盘转动时,盘上各点的转动角速度都是相同的,而且运动速度随着离轴心的距离而变,距离越远,速度越快。

而银河系自转,情况就不一样了。从中心向外,开始是越向外,恒星绕银河系中心的旋转就越快,当到达某一点以后,随着距银河系中心的距离的增大,转动的速度反而又越来越慢了。

研究银河系自转的工作，是个很困难的工作，主要是因为我们处在银河系中。随着科学技术水平的不断提高，人们对银河系的运动，必将了解得越来越深刻。现在，人们还测出，银河系除了自转运动之外，还以每秒211公里的速度，朝麒麟座的方向飞奔着，由此我们可以作出这样的推断：银河系原来如此生机勃勃。也许有人会进一步问，银河系到底是怎样形成的呢？

　　关于银河系的形成大概是这样的：大约在100亿～200亿年之前，在漫无边际的宇宙深处，有一个庞大的星云块，它一边自转，一边收缩，在收缩过程中分裂成了三个云块，一个大云块和两个小云块，其中那个大云块就形成了银河系。

　　在那时，组成云块的气体物质和尘埃物质大部分是氢，余下的是氦。现在我们看到的氧、碳、金属等重元素，当时是完全没有的。在气体密度高的中心附近，气体云进一步分裂，分成许多微小的云块，这些微小的云块逐渐形成了恒星，开始在宇宙空间发光。这就是前面所说的恒星集团，那时银河系呈圆形，所以恒星集团还停留在那个时期的形状。在外侧，气体云和尘埃没有形成恒星。由于银河系整体的自转而逐渐落向银河系的自转面，从而形成了目前的银盘。

　　其所以有这样的区别，是因为像恒星集团那样一旦形成恒星，恒星之间互相碰撞的事件就几乎不会发生了，从而保持着形成恒星时期的运动状态。但外侧的气体云，则相互碰撞，损失能量，逐渐演变成包围中心的薄圆盘。

　　当然，关于银河系的情况，这些还只是一些粗略的和肤浅的认识，这个神秘的星系还隐藏着大量的秘密，有待于我们去进一步探索和发现。

有"冰火山"存在吗

大千世界真是无奇不有,就拿火山爆发来说吧,它已不再是属于地球的专利了。且不说月球、水星等天体上的不少环形山是它们早年火山爆发留下的遗迹,现在还发现了木卫一上的许多活火山,它们正在喷火冒烟呢。其中最令人瞠目结舌的是,有些"火山"喷出来的竟不是火,而是它的冤家对头——冰,奇怪吧!

1986年1月,"旅行者"2号在飞临天王星时,拍摄了7000幅照片,其中就有天卫一、天卫五正在喷冰的珍贵镜头。这种冰的成分与纯净的水冰不同,它是水与固态甲烷、氨的混合物,比水冰具有更大的黏结性。由于其密度比周围的岩石小,因而能"浮"在卫星的表面,并沿"火山坡"缓缓流出。天卫一和天卫五的表面温度均接近-205℃,而其幔中又含有丰富的固态甲烷和氨,因而这种"火山"喷出的自然是冰了。

在更远的海卫一,其表面平均温度为-240℃,"体内"之寒冷可见一斑。因此,从它的"火山"口中喷发出来的则是白色的冰雪团块和黄色的冰氮颗粒。由于它的微小重力可使喷发物上升到32公里的高空,然后就下一场飞飞扬扬的大雪,这不能不说是太阳系的一大奇观。

就连近得多的土卫二上,也有"冰火山"的踪影。甚至有人认为,土星光环正环中的冰晶微粒正是土卫二上的"冰火山"喷发的杰作呢?

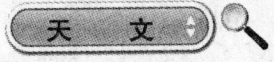

月亮上神秘的闪光

早在50万年前就已停止了全球性地质活动的月球，似乎并不甘寂寞，它不时地以其特有的辉光唤起人们对它的关注。

1783年，威廉·赫歇耳首先以自制的口径22厘米望远镜观测到了阿里斯托克环形山附近阴暗地区的红色闪光。1958年11月3日，前苏联科学家还拍下了阿尔芬斯环形山中央峰上一次长达30分钟的粉红色"喷发"型闪光的光谱图。1969年7月20日，首次登月的阿姆斯特朗在着陆前夕，也曾看到阿里斯托克环形山发出的淡淡荧光。无独有偶，两位德国天文爱好者也同时在地面上看到了这神奇之光。迄今为止类似于辉光、雾焰、闪烁和淡色的发光现象的记载已达1400多起。

月面辉光现象多半发生在月球经过近地点前后，此时月亮受到最强的地球潮汐作用而处于"月震"频发期。月震使密封于月球表面下的气体得以从裂缝和断层中逸出，进而吹扬起月尘，引发了辉光。另外，月面闪光多发于月球上受太阳照射的明暗交界线上，由于此处温差变化大，导致月岩破裂并释放出电子。它"点燃"了月岩中的气体而放出辉光。极个别的例子是因陨石冲击所致：1972年5月13日，一颗大陨石曾造成了足球场大小的坑洞，激起的月尘飞扬了近1分钟。

第二章

我国幅员辽阔,地势西高东低,地形地貌复杂,气候类型多样,境内分布着众多名山大川,同时造就了许多奇异的自然现象。我们在了解地理知识的同时,也获得了更为广阔的文化视野和审美享受。

北京时间不是北京地方时间

在我国，我们要确定钟表走时是否准确，往往会打开收音机或电视机，与北京时间校对，因为北京时间是我国统一使用的标准时间。然而北京时间是不是北京当地的时间呢？要回答这个问题，还需从"地方时"说起。

古时候，人们通过太阳光照射物体出现的影子长短，来定时间。每天太阳升到最高位置，物体影子最短的时刻，在正午12时。这种方法确定的时间叫做"地方时"。地球是自西向东旋转的，经度不同的地方，"地方时"也就不同。地球自转一周（360度）的时间是1天，即24小时，所以倘若经度差1度，时间便差4分钟。"地方时"是自然时，它的时刻随一天中的太阳高度而变化，这在交通不发达的时代，人们普遍采用。

然而在交通发达的今天，再使用"地方时"，就会造成不同经度的地方在时间上的混乱。1884年，世界各国经协商，把整个地球沿赤道分为24等份。每份跨经度15度为1个时区。各个时区的中央经线的地方时，作为全时区的共同时间。用这种方法确定的时间，叫"区时"。北京时间是东8区的区时，东8区的中央经线为东经120度经线。北京位于东经116度19分，北京时间比北京地方时间早15分钟左右，所以北京时间不是北京地方时间。

彩雪的秘密

日常所见的雪都是白色的，我们也常用"皑皑白雪"来形容，好像雪的颜色已是做了界定，就是白色的。其实，雪也有彩色的。

我国的西藏察隅、德国的海德堡和南极等地就曾下过红色雪；内蒙古下过黄色的雪；北冰洋斯比兹尔皮下过绿色的雪；更让人不可思议的是，意大利挑罗台依和瑞典南部竟下过乌黑的雪……这时呈现在我们眼前的仿佛是一个五彩缤纷的雪的世界。

那么彩雪又是如何形成的？那是因为彩雪中掺杂了有颜色的物质而形成的。在寒冷地区，藻类的分布范围比较广，种类也多种多样，其中含有叶绿素的藻类呈绿色，含有红色的藻类呈红色，含脂肪非常多的是黄色藻类。这些藻类自身较轻，再加上大风的作用，很容易沸沸扬扬飘向高空，当与空中的雪片黏合时，不同的藻类就将雪染成了不同的颜色。海德堡的红雪就是由于被风吹向空中的铁质混合物，混合在雪花中形成的；挑罗台依黑雪是由许多黑色小虫黏在雪上形成的；瑞典南部黑雪则是白雪中混合了煤屑、粉尘；内蒙古等地的黄雪则是由风沙刮进雪中形成的。

看来雪原本是白色的、纯洁的，只是由于无意中掺杂了各种颜色的杂质，才有了各种色彩的雪。

地球的形状和大小会变化吗

人会一年一年长大,动物和植物也会一年年长大,我们的地球会不会长呢?

地球,是个没有生命的东西,照说,没有生命的东西大概不会有大小的变化吧!可是,事实并不是这样,譬如:我国长江口的崇明岛就是从水里"长"出来的——由江水所挟带的泥沙淤积而成;上海,这个建筑着高楼大厦的都市,在若干年前,也不过是鱼类悠游的地方。地球虽然没有生命,但是它却一刻也没有停止过变化。它究竟是在变大,还是变小呢?目前,说法还不一致。

有人说,地球是从太阳里分裂出来的,起初也是一团炽热的熔体,经过长时期的冷凝后,就收缩成有硬壳的地球了,因此地球是在缩小。有的科学家对阿尔卑斯山作了调查研究后,推断地球的半径比两亿多年前(即阿尔卑斯山开始形成时)缩短了两公里;也就是说,地球的半径每年缩短了1%毫米。

又有人说,根据阿尔卑斯山的情况,还不能给整个地球的发展作出结论。地球的形状和大小的变化是复杂的,譬如现在发现沿赤道一带,地球的半径有加长的现象。他们认为这是地球自转所产生的离心力的影响。

也有一些人认为地球长期以来就在膨胀,因为把本来包住整个地球的大陆撑裂了。现在这些裂缝还在加宽,说明它在继续膨胀。但是膨胀的原因,他们还未说得很清楚。有的人认为这是由于地球的引力在减小,也有人认为这是地球内部放射性物质散热所引起的。

另外有些人说,地球是由宇宙尘埃积聚起来的,这种尘埃还在继续向地球上聚集,譬如经常有陨星落到地球上来。据科学家估计,一昼夜间进入地球大气中的宇宙尘埃,约有10万吨之多;而地球上大气层的物质也在不断地向宇宙太空散失,不过这数量非常微小。

地球究竟是在长大还是在缩小,目前,这还是一个谜。这个问题非常复杂。不过,不论哪一种看法,都证明地球的形状和大小是在不断地变化的。但是实际观测的结果表明:现阶段地球的变化是极其微小的,没有显出有什么缩小或增大的迹象。

地球是怎样形成的

地球是什么时候形成的？又是怎样形成的？多少个世纪以来，科学家们上下求索，力图圆满回答这些问题。直到19世纪末，放射性物质发现以后，物理学家卢瑟福开创了利用物质中放射性同位素含量测定其形成年代的方法，这些问题的研究才得到突破性的进展。利用这种方法，科学家测定在格陵兰一地方发现的沉积岩，其年龄约39亿年；在澳大利亚发现的锆石矿物，其年龄约43亿年；测出一些陨石的年龄约46亿年，在地球上至今尚未发现具有46亿年龄的岩石或矿物。由于一般认为太阳和其他行星几乎是同时形成的，因此人们认为地球是距今46亿年前形成的。

46亿年前，地球是怎样形成的？对这一问题的回答，可谓仁者见仁，智者见智。如果从1755年德国古典哲学家康德提出星云学说算起，至今已有40多种学说。从探讨行星物质的来源来看，各种学说可分为三类：一是灾变说，认为行星是在某一偶然的巨变事件中从太阳分离出来的。例如1745年法国动物学家布丰提出：曾有一颗彗星撞到太阳上，撞出来一部分物质形成了地球和其他行星。二是俘获说，认为太阳从恒星际空间俘获物质，形成原始星云，后来星云凝聚成地球和行星。例如1944年苏联地球物理学家施米特提出：太阳俘获的旋转的气体——尘埃中的固体粒子，最终凝聚形成地球和行星。三是共成说，认为整个太阳系所有的天体都是由同一个原始星云形成的，星云的中心部分物质形成太阳，外围部分的物质形成地球和行星等天体。例如1966年英国天文学家麦克雷提出：星际云在银河系邻近恒星和星云的"潮汐"作用下，瓦解为许多"云絮",大部分"云絮"聚成太阳,留在外边的"云絮"绕太阳转动,碰撞结合形成地球和行星。

各种学说,各有论据。但是,无论哪种学说,都必然以宇宙运动规律为基础,并经受观测事实的检验。此外,还必须能圆满解释和说明太阳系表现出来的特征和现象。目前,人们一般认为,地球是由原始太阳星云经过吸积、凝聚、碰撞这一过程,先形成地球胎,然后再不断增生而形成原始地球。

原始地球形成后的几亿年里,开始了神奇的演化和发育过程。地球首先实现了层次的构造。地球形成伊始,温度较低。但在许多陨石不断地轰击下,在放射性物质衰变作用下,在地球外部重量增加引起内部受压缩效应的作用下,致使地球温度逐渐上升,其内部逐渐变热并局部熔融。这时,在重力作用下物质开始分离,一些重的元素(如液态铁)沉到地球中心,形成一个密度较大的地核;一些较轻的元素逐渐上升,把热量带到地表,经冷却又向下沉。这种对流作用控制下的物质运动,使原始地球产生了全球性的变异,演化成为分层结构的地球。即中心为铁质地核,表层为低熔点的较轻物质组成的最原始的地壳。地壳与地核之间为地幔。地球的层次结构的形成,是地球演化史上最重要的一步,它导致了地壳及大陆的形成。

地球内部的层次结构,我们无法直接观察,今日地球的内部结构情况,主要是来自对地震波的测定。经地震波测定,地球的大陆部分地壳平均厚度约33公里,海洋地壳平均厚度约为6公里,整个地壳平均厚度约为17公里。地壳主要是由岩石组成,称为岩石圈。

地幔在地壳以下至2900公里的范围内,其上层部分是一个软流层,一般认为这里是岩浆的发生地。其下层部分由于压力和密度增大,物质可能呈固态。地核在地下2900公里以下至地心,地核中心部分可能是以铁、镍为主的固态。这样说来,地球的分层结构,确实如同一个鸡蛋分为蛋壳、蛋白、蛋黄三个层次。

地 理

地震前常见的地光

　　1975年2月4日傍晚6时许，辽宁省南部海城与营口一带，天还没有完全黑下来，但因低空中笼罩着大雾，能见度非常低。马路上已不能骑自行车，汽车也只有打开车灯才能勉强行驶。突然，暗黑的天空豁然开朗，行人居然重新看清道路，屋内的人甚至能看清室内摆放着的物品；而在海城招待所，人们还看到满天红光，不久红光又变为白光。几乎同时，大地剧烈地颤动起来，海城地区发生了7.3级大地震。

　　为什么大地震前常伴生这种被称为"地光"的发光现象呢？很多科学家对它产生浓厚的兴趣。然而由于地光总是骤然出现，又很快消逝，这就妨碍了对它进行持久的观测与研究。不过对于这个问题，科学家还是提出许多不同的看法：有人认为地光是摩擦生热的结果，就像用锤子敲打坚硬的岩石，会迸溅出点点火星一般，地震时，岩石、矿物之间的剧烈摩擦，导致了光的出现；也有人认为地光是可燃性气体，从地震产生的地裂缝逸出地面，接触空气后燃烧所产生的光；还有人认为，地光是地电场在发光。有些矿物，如石英等在压力下会产生一定的电场，当这种地电场聚集到一定强度时，便释放能量产生光……由于这些观点都存在着这样或那样的不足，因此一直没能获得人们的公认。

　　不久前，有几位美国地震科学家在实验室里对圆柱形的花岗岩、玄武岩、煤、大理岩等多种岩石做压缩破裂的实验时，发现当压力足够大时，这些岩石试样会爆炸性地碎裂，并在几毫秒内释放出一股电子流。正是这股电子流，激发周围的气体分子，使它们发生微弱的光亮。实验还发现，即使在水中，碎裂的岩石所释放出来的电子流，也能使水发生亮光。科学家认为这种岩石破裂时所产生的光亮，就是地光产生的基本原因。因为人们早就知道，地震的实际结果是地壳岩石的大规模破裂。既然在实验室里，一小块样品破裂时，能发出微弱的光亮，那么当它们大规模破裂时，自然会聚集成强烈的耀眼光亮。

尽管有了上述的实验研究成果，人们仍然不敢贸然肯定。因为，也有科学家指出，地震有几种不同的类型，产生地光的原因不完全相同，不应把它们混为一谈。而地壳岩石破裂发光只是地光的一种类型而已。

事实是不是这样，还有待人们进一步研究探索。

地 理

"鬼门关"——鄱阳湖

传说很久以前，在鄱阳湖底，生活着一只巨鳖精，经常兴风作浪，危害船民。为求平安，人们在这里修建了一座老爷庙，途经此地的船民必先烧香跪拜，以祈求神灵的庇护。尽管如此，船沉人亡的事件依旧连连发生。当地的百姓称这段水道为"鬼门关"。

经过科学考察，"鬼门关"的沉船之谜终于解开了。

原来这段多事河道长约24公里，宽15公里，顶端在老爷庙处，呈三角形。河道西北面是连绵起伏的庐山，东南面是荒凉的沙丘，湖口水道狭长。

冬季，强劲的北风受到湖口狭窄水道紧夹，风速便增强加快，到达老爷庙附近水域时年平均风速可达每秒7米，为内陆湖所罕见。大风掀起巨浪，产生巨大的冲压力，撞击甚至颠翻船只。

因此，每当冬季刮风或春夏暴风雨季节时，只要风力达到6级以上，船只就绝对不能航行。

海底的电闪雷鸣

人们都知道,大气中有电闪雷鸣,这是因为空气的导电能力差,当乌云中正负电荷积聚到一定程度时就产生放电现象。而海水中含有大量盐分,加上它的浓度又大,所以海水有较好的导电性能,不可能积聚大量的电荷。那么,海底又怎么会放电呢?

原来,海底所存在的放电现象,是科学家们在日本海海底的最新发现。先进的电场仪表记录了海底放电的频率,奇怪的是它与大气中闪电的频率非常一致。

按照水文物理学的原理,类似于大气中闪电的天然电磁过程,一般发生于200米深度以上的浅层海水。而在500米深度的深海,由于海水的导电能力强,从理论上讲是不可能产生放电的。难怪科学家们对500米以下深海测到的闪电现象目瞪口呆了。

通过反复实验,科学家们终于找到了答案。原来,电荷源实际上来自陆地上近海岸的空中,而与海底相连的岩石又充当了天然传导管的角色,把电荷传导到海底。由于距离较大、电量不大,因此海底闪电通常都很微弱。

地 理

没有水的湖

　　过去，位于柴达木盆地里的察尔汗盐湖是一个水面辽阔的大湖，这个湖是不与海洋相通的内陆咸水湖。后来气候越来越干燥，蒸发强烈，湖泊的面积逐渐缩小，湖水含盐量越来越高，成了盐湖。湖水中盐的浓度太高，就会出现盐的结晶，湖底积了厚厚一层盐。大湖没有了，在原来的湖盆里留下了几千个小盐湖。由于蒸发强烈，湖水含盐量太大，盐分在湖面积聚成厚厚的盐壳，就像冬天湖面上结的冰，人们也就看不到盐盖下面的湖水了。不过在盐盖上凿开一洞，就可以看到水了。这可不是一般的水，而是又咸又苦的盐卤水。

　　在蒙古语里，"察尔汗"是盐泽的意思。在察尔汗盐湖五千多平方公里的范围内，到处都是盐。湖里是盐，地面上是盐，地下还是盐，是名副其实的盐的世界。地下盐层平均有8米厚，最厚的地方有50～60米。在这里干什么都离不开盐，运动场用盐修，飞机场建在盐上，公路上铺的是盐，就连青藏铁路的一段路基也是用盐修筑的。在这里把鸡蛋、蔬菜放在地上，过不了几天就会变成咸蛋、咸菜。察尔汗盐湖已经探明的盐储藏量有500多亿吨，其中95%是食盐，如果全部开采出来，够全世界的人吃1000年。

能发电的海水

河水能发电,海水也能发电。

利用潮汐就能发电,潮汐电站和河流上的水力发电站是一个原理。人们在靠海的河口或海湾处建造一条大坝,在大坝中间装上水轮发电机组。在涨潮的时候,潮水从海洋通过大坝流进河口或海湾,带动水轮发电机发电;退潮时海水又在流回海洋时,从相反的方向再次带动水轮机发出电来。这种潮汐电站比建在河流上的水电站发电功率稳定,因为它不受洪水和干旱的影响。

海上是无风三尺浪,海浪也是一种能量,不过要把海浪的能量转换成电能,比水力发电要困难得多。20世纪70年代,日本研制成了第一台波力发电装置。英国还在一艘驳船上安装了这种发电机。

利用海水表层和深层温度的差别,也可以发电。这样的发电装置和火力发电站类似:水蒸气推动汽轮机,汽轮机带动发电机就发出电来了。表层海水温度高,作为蒸汽机的热源,而深层的低温海水就是冷却废气的冷源。美国已在夏威夷附近建成了试验性的海水温差发电站,利用20℃的温差发出了50千瓦电力。

人们还在研究利用洋流来发电。

随着科学技术的发展,海洋一定能为人类提供越来越多的电能。

色彩斑斓的沙漠

提起沙漠，人们脑海中就会浮现出一片单调的黄色景象。其实沙漠也有各种颜色。

在澳大利亚的辛普森沙漠有一片广阔的红色沙漠，景色分外美丽。在美国南部的路索罗盆地分布着白色的沙漠，连沙漠中的蜥蜴等动物因适应环境需要也都呈白色，是一片银色世界。中亚的卡拉库姆沙漠是黑色的。美国的亚利桑那沙漠更奇妙，拥有红、黄、紫、蓝、白等多种色泽，真可谓五彩缤纷。在阳光照射下，空中也会折射出绚丽的色彩。

为什么沙漠会有各种颜色呢？沙漠是岩石风化的产物。在地表或接近地表的岩石，受寒暑的影响，又受大气、水、生物侵蚀等作用，发生崩解破碎，形成沙漠。岩石是由各种不同矿物组成的，各种矿物具有不同的颜色，所以岩石受风化后产生的沙漠也随之呈现不同的色彩。

神奇的神农架

　　素有"华中屋脊"之称的神农架，坐落在鄂西北山区，山体气势磅礴，巍峨壮观。这里地形十分复杂，植被茂盛，悬崖峭壁、参天古木之间出没着许多的珍稀动物。神农架奇、怪、险、绝，是探险爱好者向往的好地方。

　　神农架之奇，并非奇在奇山异石，而是奇在奇花异木、珍禽异兽。神农架野生植物多达2000多种，其中世界上罕见的或者中国独有的将近40种。其中主要树木是冷杉，此外还有材质优良的楠木，质地坚硬的青冈栎，生长快速的华山松，质地较软的白杨、泡桐，供雕刻用的黄杨木，以及号称"中国鸽子树"的珙桐等。在南垭山主峰以北约65公里的地方，有一片野生的蜡梅，茫茫一片，竟多达九千多亩，十分少见。动物种类多达500多种，受国家保护的珍稀动物就多达20多种。飞禽走兽，到处可见。白猴、白狼、白兔、熊猫和毛冠鹿等，是已经濒临灭绝的珍稀物种。主峰北边燕子垭的绝壁间，有个大溶洞，洞里栖息着成千上万只燕子。更令人叫奇的是，这种燕子就像蝙蝠那样没有视力，十分奇特和稀有。

　　神农架之怪，首先是关于"野人"的传说。"野人"的传闻自古有之，有人说是人扮的，有人觉得是兽，尽管中外科学考察者进行了长期的考察研究，但至今仍然是一个谜。其次，神农架的冰洞和潮水河也有其怪异之处。冰洞在绝壁之间，深达几十米，洞里到处都是冰结物，多姿多彩，就像能工巧匠精雕细刻的水晶宫。怪就怪在天气愈热，洞里的冰冻程度愈厉害，正好与常理相悖。潮水河由于像大海一般的潮涨潮落而闻名，每天早中晚，潮水河各涨潮一

次,每次潮来的时候,河里的水量增加一倍,汹涌澎湃,犹如长江大河,半小时潮落后,河里的水量又恢复如初。

神农架之险,一是地形十分复杂,容易使人迷失方向。神农架占地面积约3250平方公里,拥有长江中下游地区仅有的原始森林,进入林区,不携带仪器设备,很难辨别方向。二是凶猛野兽众多,随处可见,单人探险,易遭袭击。三是山高路险,难以攀登。神农架拥有长江中下游地区最高的山峰,海拔高达3105米。

神农架之绝,除了"野人"、珍禽异兽等外,还以盛产药材著名。药用植物有一千二百多种,不仅天麻、黄连、乌头、独活分布很普遍,还有药物学上价值较高的"头顶一棵珠、九死还阳草"等,使神农架享有"绿色宝库"、"天然动植物园"、"物种基因库"等美誉。

神农架是一个奇、怪、险、绝的地方,值得探险者和游人前往。

四川盆地为什么多夜雨

四川盆地多夜雨,所以有"巴山夜雨"的谚语。根据气象观测统计,四川盆地里的北碚(在重庆北面),平均一年中夜雨占全年降雨次数的61%。我国其他地区,夜雨率没有四川盆地那样大,像南京,14年中夜雨平均只占38%,湖南衡阳一年中夜雨只占36%。

四川盆地多夜雨的原因,主要是由于盆地内空气潮湿,天空多云。云层遮挡了部分太阳辐射,白天云下气温不易升高,对流不易发展。夜间云层能够吸收来自地面辐射的热量,再以回辐射的方式,把热量输送给地面。因此云层对地面有保暖作用,使夜间云下气温不致过低。可是云层本身善于辐射散热,其上层由于辐射散热,温度降低很快,这就形成上冷下暖的显著温差。于是上下空气就发生对流翻腾,使云层发展,出现降雨现象。

四川盆地的夜雨,在冷暖空气交锋频繁的春季最多,如北碚,春季的夜雨率比夏季高23%。

值得高兴的是四川盆地多夜雨,不仅不影响农民白天在田野里工作,反而对农业生产是一个有利的条件。

弯曲的河流

  打开地图，我们可以看到，不论是长江、黄河，还是黑龙江、珠江，所有的河流都是弯弯曲曲的。

  河流所以会弯曲，主要是两岸河水的不同流速造成的。河岸在河水的长期冲刷下，有的地方冲坍了，有的地方掉下一棵大树，或者在某一段流进一股支流，这样两岸的河水流速就会不一样。河水流速大的一边，河岸受到的冲击力也大。加上两岸土层结构不尽相同，有的比较松软，有的比较坚硬。天长日久，松软的河岸坍塌，使河流变成弯弯曲曲。河道一旦弯曲以后，就会继续发展，水流方向直冲凹岸，而凸岸的地方水流速度较慢。这样，河流在水流的长期作用下，凹岸会变得越来越凹，凸岸会变得越来越凸。

为什么"春风不度玉门关"

大家都能背诵唐代诗人王之涣的《凉州词》吧？"春风不度玉门关"就是这首诗中的名句。这里的"春风"，指的是气候学中讲的夏季风，即从海洋上吹来的暖湿偏南气流。"玉门关"是地名，它位于河西走廊西部的甘肃省敦煌县境内，是古丝绸路上的一处重镇。

夏季风为什么吹不到玉门关呢？这与那里特有的复杂地理环境是分不开的。玉门关四周群山环绕，地形起伏很大，高大的山脉和大小不等的盆地组成了复杂的地理环境，气候具有明显的大陆性。它的西部与帕米尔高原合抱，阻隔了来自大西洋的暖湿气流；南部与青藏高原接壤，隔断了来自印度洋的暖湿气流；而东南面还有一些著名的山脉（如贺兰山），又阻挡了来自太平洋的暖湿气流。这里的暖湿气流，实际上就是夏季风——春风。

夏季风来自海洋，既温暖，又潮湿。夏季风吹到的地区降水普遍增多，植物生长茂盛。但是夏季风的势力较弱，侵入内地的速度较慢，影响时间也短，特别是我国北方受夏季风控制的时间就更短。每年4～5月间，夏季风到达我国南部沿海；6月到达长江流域；7月份才推进到华北和东北；到了9月，它受北方冬季风的逼迫，便迅速撤回到长江以南。

气候学上，把我国境内受夏季风影响明显的地区称为季风区；而把受夏季风影响不明显的地区，称为非季风区。具体界限大致以我国著名山脉大兴安岭—阴山—贺兰山—巴颜喀拉山—冈底斯山为界。

按照这个界限划分,玉门关正好处在非季风区内,所以夏季风——春风也就吹不到玉门关了。由于"春风不度玉门关",那里的空气相当干燥,自然降水十分稀少,平均年降雨量仅40毫米左右,只有上海的百分之几。

为什么海洋动物不能四海为家

浩瀚广袤的海洋里，生活着丰富多彩的海洋生物。那么，海洋动物是否能四海为家呢？

我们知道，由于海洋所处的位置不同，海洋的深度不同，海洋环境也是千差万别的。因此不同的海洋环境，总是栖息着不同种类的海洋动物。

从水平分布上看，地球上不同的海区分布有不同的动物类别。根据哺乳类和鸟类以及海洋上层鱼类的分布，可将世界海洋动物分为三带六个区。

其中热带包括太平洋区和大西洋区；温带包括北太平洋区和北大西洋区；寒带包括北极区和南极区。尽管相邻海区动物种类的分布具有过渡的性质，但各区仍有自己的特点，尤其是热带和寒带，都有本区特有的动物种类，如白熊、白鸥等为北极海区所特有。只有抹香鲸比较特殊，既能生活在温带海区，也能栖息在寒带海洋中，在生殖季节还要到热带和亚热带的海洋中去。

从垂直分布上看，海洋动物的变化更是别具特色。世界大洋平均深度3700米以上，最大深度达11000米，超过世界最高峰的高度。在深度变化如此之大的海洋里，显然很难有一种动物既能生活在洋面，又能生活在深海底部。

同时，在海洋的不同深度生活着不同的海洋动物。海洋表层动物群体比较丰富，并且一般都长于游泳，此外，海面上还有善于飞翔的各种鸟类。

在深海层，海洋动物则随海洋深度增加而逐渐减少。在1000～

4000米深的水层，鱼类大约有150种，在五千多米深的海底则更少了，只发现有长尾鳕和鼎足鱼等。

尽管海洋苍茫辽阔、无边无际，但海洋动物宁愿"老守田园"而不愿"云游天下"。

为什么冷空气到了海上会逐渐减弱

冷空气是从西伯利亚方向移过来的冷性高气压。当它向东南方向移动时，与暖湿的空气相遇，就会形成一条冷锋。冷空气干而重，暖空气湿而轻。于是，在冷锋附近，暖湿的空气便被抬升，并在空中遇冷凝结，带来雨雪天气。由于锋面附近气压梯度大，冷锋过境，大风也随之而来。

当冷空气移到海上后，由于海面温度高、湿度大，使冷空气底层变热变湿。一团上冷下热的冷空气自然是不太稳定，要产生垂直的上下对流；底层增热了的空气上升，上层未被增热的空气下沉。下沉后的空气在海面被增热，上升，上层的空气再度下沉。如此不断地上上下下，循环不息，整个冷空气团的温度就增高了。再说，暖湿空气上升后，饱含的水汽就会凝结成水滴，凝结时放出热量，又使空气增暖。这样，这团冷空气就获得了更多的热量，进一步增高温度。于是，冷空气与其南面暖空气之间的温度差异变小了，冷锋的势力也就不那么强了。随着冷空气的不断向东南方向推进，海面的暖湿程度越来越高，冷空气的温度也越来越高，最后变得与东南暖空气的温度差不多，于是，锋面消失了，冷空气也不成为冷空气了。

地 理

为什么下雪天也会打雷

1970年3月12日晚上，我国长江中、下游地区朔风怒吼，下着少见的春季大雪，鹅毛雪花漫天飞舞。突然，天空又电光闪闪，雷声隆隆。许多人不禁感到奇怪：下雪天怎么也会打雷呢？

打雷，是夏天常见的天气现象；下雪，多在冬天，这是两种截然不同的天气现象。但是，只要某时某地的天气形势，具备了既能下雪又能打雷的条件，这两种截然不同的天气现象就能够在一天里同时出现。

冬天，当天空阴云密布，高空云中的气温在0℃以下时，云中的水汽就凝结成雪。雪花从云中落下来，人们在地面上所看到的究竟是雪还是雨呢？这就要看近地面层几百米以内的温度了，如果近地面层的气温比较高，雪花降落时，就会在近地面层低空中重新融化，成为雨滴，这时我们看到的就是落雨。相反，如果近地面层的气温比较低，雪花不能融化，这时就下雪了。一般来说，地面气温在3℃或2℃以下时，就会出现下雪的现象。

雷雨，是由于暖湿空气受到某种原因（比如活动在冷空气的上面，或是受到地形影响，如山脉的斜坡作用等等），向上抬升；当暖空气急剧上升，产生积雨云时，雷雨就很容易发生了。

我们再来看看1970年3月12日晚上，我国长江中、下游的天气条件吧！当时近地面层的冷空气，是从华北经黄海北部一带移到长江下游来的，温度很低，到了傍晚以后，长江中、下游的气温下降到0℃左右，这时具备了下雪的条件。当时在冷空气的上面，又是怎样的情况呢？从南方海洋上吹来的很强盛的暖湿空气，在长江中、下游正好同冷空气汇合，并且沿着低层冷空气猛烈爬升，于是在将要下雪的层状云中发生了强烈的对流现象，形成了积雨云，所以产生了一面下雪，一面打雷的天气现象。

　　有人说："下雪天打雷，从来没见过，是种不吉之兆。"这多数是由于不认识天气现象，受到封建迷信思想影响的毫无科学根据的说法。

西藏五彩湖

五彩湖位于藏北无人居住的山间小平原上。在阳光照耀下，湖水闪现出白、黄、红、绿、蓝五种色彩，传说是天上的五位仙女幻作一泓神秘的湖泊而永远留在人间。五色湖中的各种色彩层次分明，各居一方。那么为什么五种色彩能同时在一个湖泊中出现呢？

原来，青藏高原本是大海的一部分，随着地壳变动，海底成了陆地。五彩湖所处的地势低洼，因而形成湖泊。当时青藏高原的气候湿热，因而形成红色土，较浅的湖水被红土映照成红色。到第四纪时，强劲的北风吹来了黄土，它们沉积于红土之上的湖岸，因而湖水在黄土的映照下，形成黄色。以后青藏高原继续抬升，气候变干。长期干旱和湖水的强烈蒸发，在湖岸边又形成了白色的石膏层，湖水在石膏层的映照下又出现白色。在湖水较深的地方，由于对阳光的散射而形成绿色和蓝色。

美丽的五彩湖并不是仙女的化身，它可是大自然最美妙的礼物之一啊！

永不干涸的"月牙泉"

我国甘肃省敦煌市南5公里处的鸣沙山,有一汪泉湖,东西长约218米,南北宽约54米,平均水深5米,最深处也只有7米多。湖面形似月牙,故被称为"月牙泉"。

"月牙泉"处于广袤无垠的沙漠之中,周围是一片黄沙,黄沙在热空气下终日作鸣。我们知道,肆虐的风沙不仅能吞噬城镇和村庄,而且能把耕地变为荒漠。唯独"月牙泉"却安然无恙,碧波荡漾,这是什么原因呢?原来鸣沙山的前山与后山之间的谷中蕴有泉水,泉水顺着地势由西向东不断渗出,形成一月牙形沙中洼地,积水成湖。由于泉水源源不断地流入湖中,所以太阳也晒不干它。

那么,它怎么会不被风沙吞没呢?其实那儿一年四季主要刮东风或西风,这两种风向正好与月牙泉所在的山谷的趋向一致。由于月牙形沙丘周围的沙子,在风力作用下,总是沿着山梁和坡面向上滚动,即使风力再大,沙子也不会被刮到泉中去。有时刮东北风,这效果就更明显。风顺着喇叭口进入山谷,由于地形急剧变窄受阻,便形成旋风,将沙子卷上沙山。"月牙泉"因此便永葆青春。

中国的第一大岛——台湾岛

中国的第一大岛、台湾省的主岛台湾岛，位于中国大陆架的东南方，地处东海和南海之间，隔着台湾海峡和大陆相望。海峡最窄处仅有135公里。晴朗的天气，站在福建沿海较高的地方，就可隐隐约约地望见岛上的高山和云朵。

台湾岛形状狭长，从东到西，最宽处只有144公里；由南至北，最长的地方约有390多公里。全岛总面积35788平方公里，地形像一只纺织用的梭子。

台湾岛上的山脉纵贯南北，中间的中央山脉犹如全岛的脊梁。西部海拔为3950米的玉山山脉是中国东部的最高峰。全岛约有三分之一的地方是平地，其余为山地。境内有缎带般的瀑布、蓝宝石似的湖泊、四季常青的森林和果园，自然景色十分优美。西南部的阿里山和日月潭、台北市郊的大屯山风景区，都是闻名世界的游览胜地。

台湾岛地处热带和温带之间，四面环海，雨水充足，气温受到海洋的调剂，冬暖夏凉，四季如春，这给水稻和果木生长提供了优越的条件。河流众多的西部平原上盛产水稻、甘蔗。这里的水稻一般都是一年两熟，米质优良。水稻、甘蔗、樟脑是台湾的"三宝"，岛上还盛产鲜果和鱼虾。

台湾岛还是一个闻名世界的"蝴蝶王国"，岛上的蝴蝶共有四百多个品种，其中还有不少是世界稀有的珍贵品种。例如，被誉为"蝶中皇后"的黄裙凤蝶，长着金黄色花纹的后翅，在逆光中看去，好似穿着一条镶满珍珠的黄裙；皇蛾阴阳蝶长着两只大小不一、互不对称、性别不同的翅膀,左翅是雌的,而右翅却是雄的。

　　这种蝴蝶很罕见,据说1000万只中才有一只。岛上还有不少鸟语花香的蝴蝶谷,岛上居民利用蝴蝶制作的标本和艺术品,远销许多国家。

"醉汉林"是怎么回事

在四川省会理地区，金沙江畔有些绿树丛生的山坡上，树木东倒西歪地生长着，就像是一群喝醉了酒的人，站立不住，歪歪斜斜，有的甚至是半躺在山坡上的，这就是"醉汉林"。

为什么会出现这种现象呢？原来这是山坡上的土石在向下滑动，使生长在上面的树木也歪斜了。这种土石滑动的现象称为"滑坡"。

滑坡是由于山坡上的土层或岩石层受到雨水和地下水的渗入，使得它们与下面的山坡面或倾斜的岩层面的附着力减低，因此沿着那些倾斜面发生了滑动。由于滑坡发生时，滑动的土层或者岩石层是成一个整体往下滑动的，因此本来生长在山坡上的树木也跟着一起往下滑动。但各处滑动的情况不相同，于是就造成这些树干杂乱无章的倾斜。树冠昂起是滑坡发生以后，树木继续生长的结果。

通常发生的滑坡速度很慢，但日积月累也就很可观了。滑坡会给人类的生活和生产带来一定的损害，因此必须事先采取适当的预防措施。

第三章

中国是历史最悠久的文明古国之一。中国历史自黄帝时代算起约有五千年。同时,中国历史也是中国各民族诞育和发展的历史。

伯 牙 摔 琴

春秋时期,有一位琴师叫俞伯牙。他从小就拜一位著名的琴师为师。伯牙刻苦求学,一学就是三年,但技艺还没有达到高雅的境界。

伯牙的老师启发他说:"学习音乐,不论是弹琴还是吹箫,光练习指法技术是不够的,得用心体会。你如果没见过波涛汹涌的大海,就弹不出表现海浪的曲调;你要是没欣赏过月下美景,就奏不出月明清幽的旋律。"

伯牙认为老师说得很有道理。可不是吗?一个人如果正在伤心,怎么会弹出欢乐的调子呢?于是,伯牙每弹奏一个曲子,除了严格规范指法、技艺,还认真地用心去体会曲子应该表达的感情和意境。

渐渐地,伯牙的琴弹得越来越好,一时成为名噪四方的著名琴师,并创作了不少优美的曲子。但是,曲高和寡,真正能听懂和理解伯牙琴声的人很少,这使他觉得十分苦恼。

有一个穷苦的樵夫,名叫钟子期,他每天都上山打柴。有一次,钟子期路过伯牙的房前,伯牙弹奏的一支曲子深深地吸引了他,于是他就坐在一旁静听。伯牙刚弹完一段,钟子期就赞叹道:"真好啊,听这琴声真像是见到了高山!"

伯牙对他的欣赏能力非常吃惊,心想,一个砍柴的樵夫竟能懂得音乐,真不简单。于是,伯牙又弹奏了一支曲子,谁知钟子期听后又连声赞叹道:"这琴声多么像流淌的河水,从山间直奔大海!"

伯牙连忙站起来握住钟子期的双手，称他为自己的"知音"。从此，他们俩成为一对要好的朋友。

可惜钟子期后来死了，俞伯牙伤心极了。每次弹琴，再也没有钟子期在一旁欣赏和评论了。伯牙失去了知音，便觉得弹琴再也没有意义，他悲痛地扯断琴弦，一下子把琴摔到地上，从此再也不弹琴了。

崔杼杀史官

春秋时代，齐国的庄公是一位好色的国君。宰相崔杼有一位非常美丽的妻子，庄公见到后就起了坏心，他常常找借口到崔杼的家里去调戏崔杼的妻子。崔杼发现这件事后，非常生气，就设下圈套，杀害了齐庄公。

按照当时齐国的规定，国家的重大事件，都要由专门记事的史官详细地、真实地记录下来。崔杼害怕史官照实记录下他杀害庄公的事，自己落一个杀死国君的乱臣贼子的罪名，就找来史官太史伯。他说："庄公是因为调戏我的妻子，而被我家的人杀了。如果照实写，对庄公的名声不利，就写他是害病死的吧！"但太史伯反驳说："按照事实写历史，是当史官的本分，哪能颠倒是非，歪曲事实呢！况且庄公是怎么死的，大家心里都明白，我只能照实记录。"于是写下"崔杼弑庄公"。崔杼见太史伯不买他的账，非常恼火，就把太史伯杀死了。在那个时候，史官是一种世袭的职业，所以，太史伯死后，他的弟弟太史仲当史官。太史仲上任后，也像他哥哥那样，照实记录了崔杼杀害庄公的真相。崔杼也把他杀掉了。太史伯的另一个弟弟太史叔，接替了他的工作。太史叔也不肯屈从崔杼的淫威，仍旧照实记录，所以也遭到崔杼的杀害。太史伯兄弟三人相继被崔杼杀死后，他们最小的弟弟太史季接替了史官的职务。太史季年纪虽小，却抱着必死的信念照实记录了崔杼弑君的情况。崔杼这才明白了，说实话的人是杀不完的，所以只好作罢。

直到今天，有关齐国的史书仍然记载着"崔杼弑庄公"。

太史伯兄弟，不畏强权，秉笔直书，不惜用生命和鲜血为后人换来历史真实的精神，成为后世史学家尊崇的楷模。

范蠡功成身退

春秋末年,吴越两国争霸。吴王夫差率领大军打败了越国的军队,将越王勾践的部队围困在会稽(在今浙江境内)山上。勾践打算杀死妻子,焚毁宝物,同吴军决一死战。他手下的大臣范蠡劝他不要这样做。"留得青山在,不怕没柴烧。"范蠡要勾践接受屈辱的议和条件,甚至可以给吴王当奴仆,以图日后东山再起。勾践接受了范蠡的建议,派另一个重臣文种带着礼物去行贿吴国太宰(官名),使他劝说吴王接受勾践的投降。

吴王夫差不顾老臣伍子胥的强烈反对,收下越国的礼物和美女,赦免了勾践。勾践回国后,卧薪尝胆,发愤图强。他觉得自己能逃得性命,多亏用了范蠡的计策,就打算让范蠡来主持国政。范蠡谦逊地说:"带兵打仗,文种不如我;而治理国家,我比不上文种。"于是勾践就让文种治理国家,范蠡自愿到吴国做人质,两年后才被吴王放回来。

勾践在范蠡、文种等人的辅佐下,国力迅速强盛,而吴国由于夫差昏庸,不纳忠言,连年对外用兵而急剧地衰落了。20年后,越王勾践亲率大军来伐吴国,吴王夫差连战连败,被越军围困在国都姑苏(今江苏苏州)的山上。夫差派使者去见勾践,要他看在当年在会稽山赦免过他的分上,也能赦免自己。越王有些不忍心,就想答应吴国的要求。范蠡说:"会稽山那件事,是上天把越国赐给吴国,而吴国不取;今天上天把吴国赐给越国,越国怎能逆天行事呢?"勾践接受了范蠡的意见,拒绝了吴国使者,吴使哭着回去奏报了吴王,夫差长叹一声,拔剑自杀,吴国灭亡了。

吴国灭亡，勾践成了各国的霸主，如果论功行赏，范蠡当居群臣之首，勾践也打算拜他为上将军。但范蠡却谦辞说："我听说过：主上有忧，臣下就该劳苦；主上受辱，臣下就该牺牲。从前您在会稽山受辱，而我之所以没有死掉，就是为了雪耻。现在耻辱已经雪除，我应该自己请求处罚，以赎在会稽山没有死掉的罪过！"勾践表示要和范蠡分治国家，不会加罪于他。但范蠡却说做官不是他的志趣，就带着珠玉宝物和亲信们一起乘船出海了。范蠡到齐国后，给文种写了一封信，信中说："飞鸟射光了，良弓就会被收藏起来；狡猾的兔子被射死了，忠实的猎狗也会被煮了吃。越王勾践这个人，只能共患难，不能共享乐，你为什么还不离去呢？"文种看了信，并不以为然，最后被勾践逼得自杀了。

范蠡一到齐国，就改名换姓，在海边耕种为生。他们父子合力，辛苦劳作，整治家产，没多久就积聚了数十万的财产，齐国人听说他贤能，就请他做卿相。范蠡感慨地说："住在家里就能积聚千金，出去做官就能位至卿相，这是一个布衣平民最得意的事了，长久地接受尊崇的名声是不祥的啊！"于是送还相印，把家产全部分给朋友和邻里，只藏着重要的珍宝，秘密离开齐国，来到定陶。

范蠡认为定陶是天下的中心，交通贸易，互通有无的商业要道，在这里谋生治产，可以致富，于是就自称为陶朱公。

陶朱公父子节制自己的需求，亲自耕种畜牧，对于商品的买卖，都能等待时机，在贩出贩进之中，争取十分之一的利润。这样住了没多久，又积累了上亿的财产，天下人都知道陶朱公了。

后来，陶朱公的二儿子因为杀了人，被囚在楚国。陶朱公打算让小儿子携带重金去求楚国的名士庄先生。但他的大儿子执意要去。还说如果不让他去，他就要自杀，陶朱公没办法，只好让大儿子带着重金去楚国了。

陶朱公的大儿子到楚国后，把重金献给庄先生，求他在楚王面前讲情，免自己弟弟一死。庄先生是个非常廉直的人，并不在乎这些金钱。但如果不收下，又怕伤了陶朱公的面子，就收下了这些钱，打算事情办成之后,再让陶朱公的儿子带回去。

庄先生去见楚王,说星象显示楚国将有灾祸发生。楚王忙问破解之法,庄先生让他做些有恩德的事,楚王就准备大赦天下。这个消息一传出后,就有人告诉了陶朱公的大儿子。他想:既然楚王要大赦天下,那我弟弟也会很快就放出来的。我把那么多钱送给庄先生,岂不是可惜?于是,他假借上门辞行,又把那些钱要回去了。庄先生虽然不看重钱财,但被这么个言而无信的小孩子耍了,很是生气。他又去见楚王,说:"我上次劝您做些有恩德的事来破解灾祸,您打算大赦天下。但现在街头巷尾纷纷议论,说有一位叫陶朱公的富人,他的儿子因杀人被囚在楚国。他的家里拿了许多金钱贿赂大王的左右,所以大王因为他儿子的缘故才大赦天下,并不是体恤楚国人民!"楚王听后大怒,下令先杀掉陶朱公的儿子,再大赦天下。

陶朱公的大儿子最后只能带着弟弟的尸体回到定陶。他的母亲和族人都很哀伤,陶朱公却说:"我早就知道他会害死他弟弟的,并不是他不爱弟弟,而是他太看重金钱了,因为他小时候就和我一起谋生,历尽艰苦,所以不忍心舍弃财物,假如我派小儿子去,他生来就看见我很富有,并不会想到积聚钱财的不易,所以他会轻易地舍弃,不会吝惜的。前次我之所以坚持让小儿子去,就是为他能舍弃钱财,而大儿子做不到。现在老二死了,这是必然的,没什么好悲伤的,我一直在等着丧车到来呀!"一番话,说得大家心悦诚服,止住了悲伤,也懂了很多做人的道理。

范蠡功成身退,隐居经商,成名于天下,并流传后世。直到今天,商家还把陶朱公尊为行业的祖师。

奸臣蔡京

公元1106年正月，空中出现了彗星，苍白的光束横扫天际。当朝皇帝宋徽宗见此异常的天象，慌忙下诏征求意见。官员们乘机上书，纷纷指责一个人，提出若不罢免此人，就很难平息老天的愤怒。宋徽宗一怕得罪上天，二怕激怒群臣，只好暂时免去了此人的宰相之职。而这个深遭痛恨限的人，就是北宋的大奸臣——蔡京。

蔡京曾被徽宗多次罢免，又多次任用。而他能够屡退屡进的重要原因是：他特别会花言巧语，每句话都让皇帝舒服，而且变化多端，人称"变色虫"。

在宋神宗当政，王安石主持变法运动时，蔡京不失时机地投靠了变法派，从此步步高升，一直做到京城开封府的三品知府。

十多年以后，神宗去世，小皇帝哲宗不满10岁，朝廷政事由他的祖母高氏主持。高氏一向反对变法，就起用反对变法的旧党领袖司马光做宰相。蔡京见状赶紧摇身一变，转向了旧党一边，并不折不扣地按司马光的命令废除新法。可他的这种投其所好的表演太过分了，以致弄巧成拙，官没升成，反而被赶出了京城。

又过了10年左右，高氏病死了，已长大成人的哲宗再次推行新法，把旧党一股脑儿赶出朝廷。眼见得政治风云再次突变，蔡京立刻也摇身一变，又成了变法派。他到处宣扬自己曾被旧党赶出过京城，结果使他当年投机旧党不成的丑闻竟变成与旧党较量的佳话！"美名"传到朝廷，他马上被召回中央，做了户部尚书，不久又做了皇帝身边的机要秘书。当他50多岁时，终于当了哲宗之后的宋徽宗的宰相。

他仗着徽宗的喜爱,开始为所欲为。有个叫吴侗的进士,在宋海(今山东牟平)做推官,蔡京见他家境宽裕,就想敲诈他一笔,托他代买些土特产。吴侗对蔡京把自己看成是个做买卖的商人感到很不高兴,就故意在每件东西上醒目地标明价钱,暗示蔡京付款。蔡京十分恼怒,记恨在心。几年后,吴侗被徽宗召到京城做编修官。一天,徽宗问蔡京是否认识吴侗,蔡京答道:"当然认识。这人特别傲气狠毒,眼里没有皇上。"徽宗大惊,问:"你怎么知道?"蔡京说:"他明知陛下的御讳,却不肯改名,还用一个圈把御讳圈在里边,这不是目无皇上吗?!"这是怎么回事呢?原来,古时候,皇帝的名字是任何人都不能用的。徽宗名叫赵佶,蔡京就鸡蛋里挑骨头,暗示什么吴侗的"侗"字是把赵佶的"佶"字用圈圈住了。徽宗一听,脸色非常不好。没过几天,吴侗就被罢了官。

蔡京就是这样,连稍微不合他心意的人都要暗中打倒。渐渐地,他的权势越来越大。当他第三次出任宰相后,竟然敢不和其他大臣商量,自己就以皇帝的口气起草诏书,然后请徽宗抄写一遍,发布出去,称为"御笔手诏",谁若违反,就是违反"圣旨",必斩无疑。有时,颁下的"御笔手诏"一看便知不是徽宗的笔迹,可却没有一个人敢说什么。

公元1125年,金兵大举南下侵宋,宋徽宗逃走,并把帝位让给太子赵桓,即宋钦宗。京城的太学生陈东等人联名上书给钦宗,把蔡京列为作恶多端的"六贼"之首,要求严惩。

蔡京罢官后,被流放到儋州(今海南省)。就这样,蔡京一瘸一拐地走在烈日炎炎的南行路上。沿途的小商贩,听说是蔡京来了,连一滴水都不肯卖,还狠狠地咒骂他。公元1126年7月21日,曾经赫赫不可一世的蔡太师终于在潭州(今长沙)城外不远的地方结束了他那可耻的一生。

柳庆代父起告示

柳庆的父亲柳僧习在颖川郡（管辖今河南省部分县市）当官，当时柳僧习正在主持选拔官吏。

颖川郡的豪门贵族很多，纷纷依仗自己的财势，一边向柳僧习送礼，一边施加压力，希望得到官职。

柳僧习决定凭真才实学录取官吏，凡是送礼说情的一律不收。13岁的柳庆非常支持父亲，他还代替父亲起草了一张告示，贴了出去。告示上是这样写的：

"选择官吏的标准是，有才录用，不合格就辞退，这是朝廷的法则和精神……"

柳庆的这张告示还真灵，堵住了那些想求情送礼人的嘴。

满族以"八旗"而闻名

在风景秀丽的长白山下，有一个碧波粼粼的湖泊，三位仙女降临，洗浴之后登岸。这时，一只神鹊衔来一枚红色的果子，鲜嫩异常，年龄最小的仙女佛古伦拾来吞入肚中。不久，佛古伦生了一个男孩，姓爱新觉罗，叫布库里雍顺，他就是传说中满族人的先祖。

明朝末年，满族英雄努尔哈赤经过30年的努力，统一了中国东北地区的女真人，初步形成了满洲民族（即满族），奠定了大清国的基础。他把满洲人分别组织在黄、白、红、蓝、镶黄、镶白、镶红、镶蓝八旗之中，实行全民皆兵。凭借着这支劲旅，在萨尔浒地区采用各个击破的战术，打垮了明朝十多万军队的围剿。后来，满族政权还陆续建立了蒙古八旗和汉军八旗。1644年，八旗铁骑入关，占领北京，席卷大江南北，建立起疆域辽阔的清帝国。

满族贵族统治中国近300年，八旗驻防全国各地，满族人的思想、文化和生活方式遍播海内。满族人很早就信奉萨满教，每逢祭祖、祭天，要由萨满戴上神帽，穿上裙子，系上腰铃，击鼓起舞，边祷边跳。如果有人生病，也要请萨满跳神。满族人重礼节，有一段时期，小辈对老辈是三天一小礼，五天一大礼，三天见长辈请安，五天见长辈"打千"。男人打千要哈腰，右手下伸，左手扶膝，像拾东西的样子。女人打千要双手扶膝下蹲。亲友相见，不分男女，都行抱腰接面大礼。

满族贵族以骑射得天下，男女都执鞭佩箭驰骋于山林之间。男人留发梳辫，穿马蹄袖袍褂，系腰带。妇女头盘髻，穿宽大直统旗袍，不缠足。今天，旗袍已经成为典型的东方妇女服饰，风靡全球。

公元 16 世纪末,满族人借用的蒙古字母创制了"老满文"。后来,在借用蒙古字母上加圈或点,称为"有圈点满文"或"新满文"。现在,由于普遍使用汉字、汉语,懂得满文、满语的人已经很少了。满族的语言大师辈出,曹雪芹著有《红楼梦》,老舍著有《骆驼祥子》,罗常培精通语法、音韵等等,都是中华民族的杰出人物。

中国的满族人一半以上居住在辽宁省,其他散居在吉林、黑龙江、河北等省与北京、西安、成都等大城市。

蜜坛子里的老鼠屎

三国时期,东吴的孙权死后,刚刚十多岁的孙亮当上了皇帝。

一天,孙亮让在身边专门服侍他的太监,去库房取蜂蜜,没想到却吃出耗子屎来。这下把孙亮气坏了,他大声斥责太监,吓得太监连忙说:"我一定查查,一定是管库房的人不认真负责造成的。"于是,孙亮叫来了管库房的库吏。库吏说:"装蜜的坛子都盖得很严,不可能有老鼠屎!"孙亮想了一下,让人把老鼠屎一个个切开,结果发现里边是干的,这证明是有人刚刚放进去的。

孙亮立刻继续查问,太监不得已,终于说出实话,招认是自己干的。原来,太监去库房取蜜,因为管库房的库吏不给他蜜吃,他就想出这么一个计策来陷害库吏。孙亮下令把太监赶出皇宫,库吏继续工作。

什么叫"禅让"制

在远古时代,我国黄河流域的部落联盟里,先后出了三位很有名望的部落联盟首领,即尧、舜、禹。相传他们有高尚的品德和丰富的生产经验,十分受人们尊重。

尧年岁大了,身体一天天衰弱,记忆力也不断减退,他已经不能很好地处理日常的政务,就想找一个继承他职位的人。他看到自己的儿子丹朱品德不好,就不打算把职位传给他。于是尧就把各部落的首领召集到一起,商议要推荐一位德才兼备的接班人,大家一致推荐舜做接班人。

舜是个普通的种田人。他的父亲双目失明,是个糊涂透顶的人;他的生母早死,继母很坏,继母生的弟弟狂妄骄横,他们都嫌弃舜,并千方百计地谋害舜。

但在这样的情况下,舜却能够孝顺父母,爱护弟弟,所以,大家都说舜是个有德行的人。

尧决定对舜进行多方面的考察。他派舜担任司徒,协助自己处理重大事务。

舜应付各种特殊情况都有办法,所经手的工作办得井井有条,没有一丝差错,尧非常满意,就把首领的职位传给了舜。

舜接任后,兢兢业业地工作,深受大家的爱戴。

当他也上了岁数后,又用同样的办法,经过长期治水的考验,选择禹为接班人。

禹是鲧的儿子,鲧因为"治水无状"被舜处死了。禹并未因舜杀了自己的父亲而心怀不满,相反地,他吸取了父亲治水失败的经验教训，为了治水，四处奔波。

曾经几次经过自己的家门都没有进去。经过13年的努力，禹终于制伏了当时严重的水患。

当舜死后，禹就继任了部落联盟首领。

这种让位于贤的做法，历史称为"禅让"。

历史

陶渊明"不为五斗米折腰"

陶渊明"不为五斗米折腰"的精神历来很为人称道。据说,陶渊明为了养家糊口,好不容易受人推荐,得了个彭泽县令的小官。他一时兴奋,决心把分配给耕种的三顷"公田"拿来种糯米,好酿酒饮个痛快。在妻子的请求下,他才答应只用两顷种糯米,一顷种饭米。可是,从"仲秋至冬",做官才80多天。当年的庄稼刚收完,他就碰上一件不顺心的事。什么事呢?据史载:州郡派遣"督邮"到县里检查工作。按规矩,县令应穿戴得整整齐齐地去迎接。陶渊明听后慨然叹息道:"我不能为五斗米,向乡里小儿折腰!"当天就解下了官印跑回家去了,同时还兴致勃勃地写了一篇《归去来兮辞》。

陶渊明为什么要说"不为五斗米折腰"?"五斗米"究竟何所指?对此有多种不同的解释。有人说"五斗米"指俸禄。但是,是县令的俸禄呢,还是"督邮"的俸禄呢?又有人说,"五斗米"指陶渊明的"自食量"。还有人说,"五斗米"指当时盛行的"五斗米道",而且考证出那"五斗米道"指的就是江州刺史王凝之。于是,陶渊明的话被解释为:我过去既未对"五斗米道"徒卑躬屈膝,今天难道还能诚诚恳恳地侍候乡里小人吗?这些解释,各有各的理由,但是还不能令多数人信服。

其实,陶渊明离官去职的原因,在他的《归去来兮辞》和《与子俨等疏》中都有较为详细的叙述和明确的交代。陶渊明做彭泽令期间,内心非常矛盾和痛苦。他对官场的黑暗和仕途的险恶越来越看不惯,忍受不了。他觉得为了养家糊口而背弃自己的理想去做违心的事，太不应该了。也许"督邮"这样的官儿，尤为可恶，更难待候。三国刘备为县令时，也曾怒鞭"督邮"，挂冠解印而去（《三国演义》中作者把此事移到了张飞身上）。陶渊明毕竟还缺乏刘备的勇气，他只发了一通牢骚，借故"自免去职"。因此，陶渊明去官时说"不为五斗米折腰"，犹如他当年求官时说"聊欲为三径之资"，想找点钱来维修家园一样，是一句风趣话、牢骚话，也是一种托词，是一种文学语言，是幽默、是比兴。我们不必用考据家的眼光来对待它。唐人诗曰："欲徇五斗禄，其如七不堪"；"看君五斗米，不谢万户侯"。唐代诗人们是把"五斗米"当作微薄的俸禄来理解的。唐代县令的俸禄，当然不止"五斗米"，彭泽令有"公田"三顷，当然也不止"五斗米"。但在陶渊明看来，这点蝇头小利，亦如"五斗米"一样是微不足道的，为这一点儿小利，牺牲自己的理想和生命，受制于人，不得自由，实在太没意思了。

王育卖身赔羊

晋代的王育，从小死了父亲，家庭十分贫苦。为了挣钱糊口，他只好去给地主放羊。王育一边给地主放羊，一边自学。

王育用蒲草作为纸，抄书写字。有一次，他一边放羊，一边看"书"，由于看得太专心了，竟丢了一只羊。地主知道后，冲着王育破口大骂，说他穷小子还想读书，一边骂一边狠狠地打王育。最后，地主还要王育赔羊。王育的母亲见儿子闯下了大祸，又急又气，回到家里，要把王育辛辛苦苦抄在蒲草上的"书"烧掉。小王育双膝跪在地上，请求母亲不要烧这些"书"，并提出自己愿意卖身还债。

有一位叫许子章的人，非常同情王育，看他可怜就收留了他，替他赔了羊钱，还让他和自己的儿子一起读书。王育更加用心读书，后来，终于成为一位知识渊博的学者。

为什么春秋战国时期会出现"百家争鸣"

春秋战国时期是我国历史上在学术文化方面众派争流、百花竞放的时期。据记载，代表这一时期各家学派思想的著作有近百种，历史上用"百家争鸣"来形容这种繁荣局面。

出现这种局面的原因是什么呢？

春秋战国的时候，我国社会处于由奴隶制度向封建制度转变的时期。这一时期的农业和手工业生产有了很大发展，商业也相当活跃，各地相继出现了许多繁荣的商业都市，成为各诸侯国政治、经济、文化的中心。水陆交通的发达，更促进了经济文化的交流。地主阶级日益强大，逐渐取代了奴隶主贵族经济，社会各阶级不断分化和进行新的组合。在这种形势下，新兴地主阶级在一部分国家先后取得政权，建立起新的生产关系和政治制度。当时的知识文化界，在这种经济和政治的背景下空前活跃起来。

春秋以前，只有奴隶主贵族才有权学习文化知识和接受教育。到了春秋末期，随着政治制度的改革和各阶级地位的变化，文化知识渗透到社会各个阶层，形成了一个新兴的知识分子阶层。面对各种势力的激烈竞争，各诸侯国统治者一方面不惜重金招募贤能之士，寻求治国良策。

另一方面，贤能之士也竞相发表自己的见解，以施展抱负或谋求功名。于是，代表各阶级和各阶层利益的各种思想学派相继兴起。它们承袭了不同的文化遗产，各家具有自己的特点。在众多学派之中，比较有影响的是儒家、墨家、道家、法家、名家、阴阳家、纵横家、杂家、农家、小说家等10家。

　　春秋战国时期的"百家争鸣",是我国历史上的一次伟大的思想解放运动,它使我国古代学术文化得到充分发展,并上升到一个高度发达的水平。诸子百家在经济、政治、法律、哲学、军事、文化艺术和自然科学等众多领域中所形成的思想理论,对后世文化学术的发展产生了极大的影响。

历 史

为什么土族自称"白蒙古"

当年,雄风盖世的成吉思汗率领蒙古铁骑纵横天下,征服了很多部落。相传,在巍峨的祁连山南麓,美丽的青海湖东畔,驻扎着一支剽悍的蒙古军队,首领是大将格日利特(格热台)。他跟随成吉思汗东征西讨,最后被派驻到这水草丰茂的地方。这支军队与当地的霍尔人通婚,渐渐繁衍成土族。后来,格日利特被追封为"尼达"(土主),被土族当作祖先崇拜。

土族自称"蒙古人"(蒙古尔)、"白蒙古"(察罕蒙古尔),主要聚居于青海省东部湟水以北、黄河两岸及其毗连地区。其中大多住在青海省互助土族自治县、民和县、大通县、同仁县等地,还有一部分居住在甘肃天祝藏族自治县。中华人民共和国成立后,依据本民族意愿,统一称为"土族"。

土族人的服饰风格独特,男女上衣都有绣花高领。男子常穿布袍,系腰带,穿大裆裤。妇女穿斜襟长衫,两袖由五色布组成,外套坎肩,裤腿外夹一尺高的裤筒,穿绣花腰鞋,戴各种头饰。过去,土族流行一种叫"戴天头"的风俗。女子到15岁时,由父母做主,在除夕与天结拜为夫妇,将少女的发式改梳成妇女发式,从此婚恋自由,生下子女归女家。这种风俗现在已经改变。土族有本民族的语言,没有文字。过去通用汉文,近年创制了拉丁字母形式的土族文字,正在试行。土族人过去信奉多神教,也有一些人信奉道教,元、明以后普遍崇信喇嘛教,建有许多喇嘛教寺院。土族人大多保持传统火葬习俗,只有夭折的小孩实行天葬。土族聚居区可耕可牧。出产五谷,农家有酿酒习惯,所酿制的酒叫做"酩醪",互助县所产的青稞烧酒驰名全国。

历 史

武则天的无字墓碑

在陕西省乾县境内有一座古墓,它是唐代第三个皇帝唐高宗和皇后武则天的合葬墓。墓道上竖有两块石碑,西面的一块是唐高宗碑,碑文歌颂了唐高宗的文治武功,东面的一块是武则天碑,却是一块"无字碑"。

在古时候,碑最初只是立于宫、庙、殿、堂前用来拴马和识别太阳影子的,上面没有文字,也不具纪念意义。后来随着时间的流逝,碑才发展为立于墓旁,并被人们刻上文字,用以纪念或歌颂死者,乃树碑立传之意。

武则天是中国历史上唯一的女皇帝,她参与和执掌最高权力达50年之久。对她的评价分歧很大,有人赞赏她的才干,有人痛斥她的残暴。她的碑文该怎么写才好呢?在她临终前,群臣们为此而发生了争执。有的说,武后当政,功德盖天,碑文应大歌大颂。有的说,武后篡权,有失伦常,不足为道。武则天知道后心想,人们对她的一生肯定会有各种评价,碑文写好写坏都很难,不如什么也不写,功过是非留待后人去评说。于是她召集群臣,命令在她死后,她的墓碑上不要撰写或镌刻任何文字。这就是我们今天看到的武则天碑没有文字的原因。

信陵君"窃符救赵"

信陵君,原名叫魏无忌,是魏安厘王的同父异母弟弟,史称魏公子,他是战国四公子中最有贤名的一个。

信陵君门下有三千食客,由于他待人真诚,大家都愿为他效力。有一次,他得知魏国都城大梁的东门有位70多岁的老人,名叫侯嬴,此人非常有才干,却只是一个看门的士卒。信陵君想和他交友,就派人给侯嬴送去很贵重的礼品,但侯嬴没有接受。信陵君又想了个办法:他在家里专门为侯嬴办了一个宴会,同时请来了许多有名的宾客。等大家都到齐了,他就亲自驾车去迎接侯嬴,并把左边的尊位空着留给侯嬴,侯嬴毫不客气地上了坐。当车经过闹市时,侯嬴对信陵君说:"我有一个朋友名叫朱亥,就在这儿的屠宰卖肉摊上,我要去看看他。"信陵君点了点头。侯嬴找到了朱亥,故意闲聊起来,边聊边观察信陵君。他见信陵君一直面带微笑,站在车下耐心等候,心里暗自佩服,决心要与信陵君交友,并为他做事。好半天了,侯嬴才回来上车。当到了宴会上时,信陵君又把侯嬴当非常尊贵的客人一一介绍给大家,并请他坐上席。从此,侯嬴就在信陵君身边专门为他出谋划策。

公元前261年,秦国大举攻赵,包围了赵都邯郸,但一连三年都未攻下邯郸。可后来赵国也无力抵抗了,粮食都供应不上,眼看就要灭亡。赵国平原君的夫人是信陵君的姐姐,于是平原君多次派人向信陵君求救,希望派兵解救赵国。但秦国威胁说,谁要是支援赵国,秦攻下赵后就去攻打它。魏王虽然派将军晋鄙率兵10万救赵,但又害怕秦兵,于是命令晋鄙在边境按兵不动,观望观望再说。

信陵君见此状况,决心自己组织一批人到赵国与秦军拼死一战。可他去向侯嬴辞行时,侯嬴却冷淡说:"公子自个儿去吧!我老了,不能跟随您!"信陵君带人走了几里路后,觉得不对劲儿:"平时侯嬴总是热情地为我出主意,今日为何这样冷淡?"于是,他又带人回来,并直接去见侯嬴。侯嬴自信地说:"我知道公子要回来!公子是天下有名的贤人,想不到一时没办法,竟然带几个宾客就想去和秦军拼命,这岂不是拿鸡蛋碰石头,拿一块肉投进虎口吗?"信陵君一听,这话说到自己心里了,就跪拜在侯嬴面前请教。侯嬴说:"如姬是魏王的宠妃,而公子又曾替她报过杀父之仇。公子何不让如姬替你把魏王卧室内的调兵虎符偷出来,拿上它,扮成接替晋鄙的将军,到邺城夺过军队,再去救赵呢?"信陵君依计而行,得到了虎符。

当信陵君又来向侯嬴辞行时,侯嬴说:"我虽然不能陪伴公子前行,但我将以死相送。当我估计着公子到达了邺城时,我将面向北边自杀,以送公子!"信陵君感动得落下了泪。他到了邺城,下令整编晋鄙的军队,得到精兵八万,在侯嬴之死的激励下,一举攻破秦军,救了赵国,这就是有名的"窃符救赵"。

信陵君救赵后,就在赵国待了10年,秦国见他不回魏国,就发兵攻魏。信陵君闻讯,便整装回国。诸侯听说他要回魏,都纷纷派兵救魏。公元前247年,信陵君率领魏、楚、燕、韩、赵五国军队在河外大败秦军,从此更是威名远扬,他的名声甚至超过了各诸侯王。因此,魏王很嫉妒他,就让他闲居起来。信陵君为此而抑郁寡欢,终日喝酒,最后竟因酒精中毒而辞世。

宰相为何称"中堂"

大家经常在电视剧中看到一些古代官员又被称为"中堂",那么"中堂"究竟是什么官职呢?

纵观历史,"中堂"就是历代的宰相。自唐朝时就称宰相为"中堂"。唐朝在中书省设置了政事堂,而政事堂恰巧就是宰相亲自领导办公的地方。为此,人们取中书省的"中"字与政事堂的"堂"字,便称宰相为"中堂"了。

宋朝的时候是在禁中设立中书内省,属于宰相的办事机构,也称为政事堂,故宋朝时期也沿用"中堂"这一称呼。

元朝的时候同样也是设立中书内省,又为政事堂,当时的宰相也同样沿用"中堂"一词。

到了明朝初期,朱元璋杀掉宰相胡惟庸以后,废除了中书省,不再设置宰相一职,而是由吏、户、礼、兵、刑、工六部来分别掌管全国的政务,全部直接向皇帝负责。朱棣夺取皇位以后,命翰林侍读解缙、编修杨士奇等七人入主文渊阁,参加政务,称为"内阁",为皇帝的顾问。自明仁宗朱高炽以后,"内阁大学士"的职权逐渐扩大,职权相当于宰相。

清朝时期也延续了内阁大学士的制度。据《内阁小志》记载,当时的内阁大学士是在文渊阁中办公,中书位于东西两房,大学士居于中房。故而这一时期的宰相也称为"中堂"。

朱元璋大杀功臣

明太祖朱元璋出身低微，小时候给地主放牛，青年时出家当了和尚，后来投奔起义军首领郭子兴，逐渐培植势力，终于荡平群雄，推翻了元朝的统治，建立起大明帝国。在创业的过程中，许多有才能的文人武士，聚集在他周围，为他立下了汗马功劳。

当了皇帝的朱元璋，一反他以前礼贤下士，坦诚待人的作风，来了一个大转变。他开始刻薄猜疑，凶残好杀，迫害那些昔日共过患难的功臣。这又是为了什么？

答案很简单：为了巩固他朱家的江山。

比如有的功臣对朱元璋不满，想杀害他，他就乘机大杀功臣。有个叫邵荣的中书平章政事，原是最早随朱元璋兴兵的"二十四将"之一，他跟参政赵继祖密谋，要派人刺杀朱元璋，被人告发后就立即被处死了。还有吉安侯陆仲亨和平凉侯费聚，依恃有功，贪杯好色，飞扬跋扈，受到朱元璋的处分。他们便和丞相胡惟庸勾结，要谋杀朱元璋，被朱元璋察觉，朱元璋就乘机把一些跟胡惟庸稍有瓜葛的功臣统统株连进去。"二十四将"中便有许多人被杀——这是洪武十三年发生的事情。

到了洪武二十六年，凉国公蓝玉谋反案发。这一次株连更广，竟杀了1.5万人。那些劳苦功高的旧将，几乎被一网打尽了。

但有一些人跟谋反案毫无关系，也从来没反对过他，竟然也难逃毒手。比如功臣中名列首位的魏国公徐达，本来是朱元璋放牛时的小伙伴，以后一直忠心耿耿地辅佐他打天下。徐达虽是放牛娃出身，但勤奋好学，有勇有谋，长期担任全军主帅，南征北战，功勋卓著。

而且他治军纪律严明，赏罚公平，受到全军将士的拥戴。朱元璋嫉妒他，但又抓不到他的把柄。后来徐达患了背疽，这是一种恶疮，医书上说，患这种病的人不能吃鹅肉，因为鹅肉是大发物，吃了会使病情加重。洪武十八年二月的一天，宫中内侍带一个大食盒来到徐府，说是皇帝关心魏国公，特赐肉食让他补养身体。等揭开食盒盖一看，里面竟是一大碗鹅肉。徐达当着使臣的面流着泪将鹅肉吃下，不久便因疽疾大发而去世。

太子朱标为人忠厚，见父亲借胡惟庸案大杀功臣，心中不忍，几次进谏，都被斥退，但是朱标有时还是要替那些无辜的文臣武将说好话。有一天，朱元璋把朱标唤来，指着地上的一根棘枝让朱标拿起，棘枝上生满棘刺，朱标无法下手。朱元璋又命内侍用刀子将棘刺削去，再让朱标去拿。这次朱标当然很容易就把棘枝拿起来了。朱元璋对朱标笑着说："你懂我为什么要杀那些人的原因了吧！这一切都是为了你，给你预先把障碍除掉啊。"

但朱标并不以为然，他回答说："只要有尧舜之君，便会有尧舜之民。"意思是只要君王像尧舜一样勤政爱民，臣民自会拥护他。这话无疑是说朱元璋不是"尧舜之君"，才只好用暴虐来维持他的统治。朱元璋气得猛地站起来，举起椅子便朝朱标掷去。朱标转身向外逃走，从怀里掉出一个小画轴。内侍把画轴拾起呈给皇帝。朱元璋打开一看，上面画的是一个妇人，背上负着个幼儿。那妇人的面貌，宛如已故的马皇后；而那小儿，正是朱标。原来朱元璋起事之初，各处转战，马皇后常常负着儿子随军。马皇后去世后，朱标请画工绘了这幅画，时时带在身上，想念母亲时便拿出来看看，不料今天却让父亲拾去了。朱元璋呆呆地瞧着这幅画，想起许多往事，一时百感交集。他吩咐内侍说："你把这画给太子送去吧！"

然而朱元璋还是没有改变自己的凶残本性。洪武二十五年，太子朱标因病去世。下一年，朱元璋就又借蓝玉案大开杀戒。看起来，为了巩固他朱家王朝的统治，他不想做什么"尧舜之君"，也不顾后世对他怎样评价了。

祖逖闻鸡起舞

祖逖，字士雅，晋朝范阳（今河北涞水）人。祖逖年轻的时候，就很有理想，立志要为国家效劳，干一番大事业。

祖逖有一位很要好的朋友，叫刘琨。两人年龄差不多，志趣相投，都怀有报国的决心，他俩夜间同睡一床，经常谈到深夜。有一天半夜，忽然听见鸡啼。祖逖有心事，一听鸡啼，更睡不着了，便用脚踢踢刘琨，问他听见鸡啼声没有。祖逖说："这鸡啼声并不可恶（古人迷信，以为半夜鸡啼是不祥之兆），倒有激励人心的作用，咱们起来舞剑吧！"刘琨一听，披衣下床，拿起剑，跟祖逖一道来到院子中，练起剑来。两个人从半夜开始，一直练到天亮。

后来，北方的少数民族趁晋朝内乱的机会，占领了中原。祖逖和其他人一样，带着家属和亲戚朋友，离开家乡到南方避难。由于祖逖武艺高强，为人大方，又很有志气，大家都非常尊重他，很快就有许多勇敢的年轻人来投靠他，希望他带领大家，杀回中原，重返故乡。

公元313年，祖逖主动向晋元帝请战，要求率兵北伐。晋元帝并没有北伐的决心，但也没有理由拒绝祖逖的要求，只好勉强答应。可是，他不给祖逖一兵一卒，只拨给他1000人的粮食和3000匹布，让祖逖自己想办法招兵买马，制造武器。

虽然朝廷不全力支持，可祖逖并不灰心。他带着几百名志愿北伐的壮士，渡江北上。船到江心，祖逖敲着船桨，大声地发誓："我祖逖如果不能扫平中原的敌人，决不再踏入这条大江。"随行的人听了祖逖的豪言壮语，很受感动，一个个热血沸腾。

过了江以后,祖逖一边招收士兵,打造兵器;一边与敌人作战。中原的老百姓,给他们送来了粮食和马料。这样,没过多长时间,祖逖就收复了黄河以南的大部分土地,逼得羯族的后赵王石勒前来求和。

可惜的是,此时的东晋朝廷内部矛盾重重,统治者无心抗战,还派了一个叫戴渊的人来做祖逖的上司,以便牵制他。祖逖见朝廷并不信任自己,很是失望。不久,他便悲愤而死。

第四章

动物、植物

我们共同生活在一个地球上,没有哪个物种像人类和动植物一样相生相克,不即不离。动植物是人类最忠实的朋友和伙伴。

动物、植物

爱凑热闹的蟾蜍

蟾蜍是青蛙的"堂兄弟",平时多在农田、草丛、石下和洞穴内生活。但是你见过十多万只蟾蜍凑在一起聚会的热闹场面吗?

据报道,1983年2月24日,内乡县十多万只蟾蜍聚集在一起,像开动物大会一样,非常热闹。蟾蜍真的这么爱凑热闹吗?它们聚在一起干什么呢?

原来,蟾蜍在冬天一般生活在陆地上。当春天来临的时候,便会从陆地爬到池塘、小河等水里进行繁殖。它们多采取抱握的交配方式,雌蟾蜍将卵产在水里,几天后受精卵即孵化为黑色的有尾蝌蚪。蝌蚪像鱼儿一样在水中生活,几天后尾巴就会消失,长出四肢,便发育成为幼蟾蜍。

有时候,早春的气温上升得比较快,蟾蜍就会提前跑到水域里繁殖。如果蟾蜍的生活区陆地多水域少,那么成千上万只蟾蜍便会聚集在一条小河里,或者同一个池塘里,相互挤在一起交配繁殖,就像在一起聚会。

看来,十多万只蟾蜍聚集在一起可不是开什么动物大会,而是在准备繁衍后代呢!

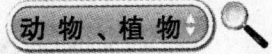

动物、植物

不会迷路的企鹅

企鹅是一种有趣的动物,尤其是它那一摇一摆、步履蹒跚的姿态,可爱又可笑。企鹅有一个本领:从不迷路。

南极的11月,白雪皑皑、晴空万里,长达半年的白昼到来了。雌、雄企鹅带着小企鹅远离故乡,向千里迢迢的海洋觅食去了。当第二年2~3月份南极寒夜来临时,企鹅的一家又回到了故乡。

令人惊奇的是,广阔无边的南极大陆是一片白茫茫的冰雪原野,地上什么标志也没有。企鹅是怎么前进的,为什么总不迷路呢?

多少年来,为了揭开这个谜,科学家在南极进行了各种各样的实验。科学家在企鹅繁殖地捉了5只企鹅,在它们身上作了标志,然后用飞机将它们运到远离故乡1500公里外的一个海峡,从5个不同地点把它们放走,10个月后,这5只企鹅竟然不约而同地全部返回了故乡,这真是太奇妙了。

科学家在乌云蔽日时将企鹅放走,当早晨6点钟时,它们会全体面向太阳在右边的方向,因为那儿是正北方。12点过后,太阳渐渐移到左边,却不受影响,仍然面向北方。

为什么企鹅总是向着北方前进呢?有人认为,从南极大陆通向海洋的方向都是北方,它们每年离开故乡都是向北方前进,返回故乡时,要调转180°,久而久之形成了一种习惯。

动物、植物

长毛的绿毛龟

说乌龟会生毛,这不是怪事吗?说乌龟会长绿毛这不是更怪的事了吗?的确有一种绿毛乌龟,身上长了绿色的毛。把绿毛乌龟放在白色的瓷水缸里,柔软的绿毛显得格外有趣。

究竟绿毛乌龟身上的毛是怎样生的呢?根据显微镜下的观察,生在绿毛乌龟身上的毛,实际上是一些水生的低等绿色植物——丝状的绿藻,包括刚毛藻、基枝藻等,它们都具有分枝,长约3~4厘米,着生在金龟和水龟的背甲上,很像绿色的毛。刚毛藻和基枝藻在基部都生有固着器,是一种根状的构造,能牢固地着生在绿毛乌龟的背甲上。这些藻繁殖得很快,满布整个的背甲。

了解了这些,我们就懂得了,乌龟身上的绿毛只不过是附着生长在乌龟背甲外的绿藻,它们并不伸入体内,因此,并不伤害龟体的内部。绿藻能进行光合作用,必须给予充分的光照和养料。因此,绿毛乌龟应养在有土壤的水缸内,经常放在散射的光照下,以利于绿毛的生长、丰满和保持着绿色。

有时,金鱼缸里的金鱼,身上也会长毛的,但毛不是绿色而是白色。这是一种名叫水霉的菌类植物寄生在金鱼身上的缘故,我们肉眼看到的毛,就是它的一丝丝的细胞。水霉长了几天就产生成千上万个小小的孢子散在水里,当孢子碰到金鱼时就寄生在鱼体上。金鱼长毛是不好的,会使金鱼得病而死亡,所以发现这种现象,要把得病的鱼分开,缸要彻底清洗。在放病鱼的鱼缸里,可以放一些盐,能把水霉杀死,使病鱼恢复健康。

动物、植物

动植物的结合体——冬虫夏草

"冬虫夏草"是生物界一种罕见的奇特个体。它冬天是"虫",夏天是"草"。虫与草,一个是动物,另一个是植物,怎么变化呢?

原来,冬虫夏草是虫与菌的结合体,是一种真菌类的植物寄生在一类鳞翅目昆虫幼虫身上形成的。夏季,当它的后代子囊孢子成熟散落后萌发成菌丝体,遇到栖息在土中的冬虫夏草蛾的幼虫,便侵入幼虫体内,不断发展蔓延,逐渐吸收虫体的养料为己所有。从冬季到夏季这段日子里,真菌菌丝体慢慢地把幼虫内部营养蚕食尽,而被真菌致死的幼虫只剩下一层外表皮。虫体变成空壳,菌丝最后变成了一个暂时处在休眠中的硬块,称为菌核。外表仍旧是虫的模样,实质已经变了。翌年夏季,菌核"摇身一变",从虫壳中抽出一株"虫草"(一条棒状的子座),故有"冬虫夏草"之称。子座顶端膨大,内含子囊孢子,一旦散出后又去侵染冬虫夏草蛾的幼虫。

因此,冬虫夏草是冬虫夏草菌的子座和昆虫幼虫的尸体共同组成的,是一种动植物的结合体。它是一种名贵中药,有补肺益肾的功效。

动物、植物

对人类有用的夹竹桃

在路边、厂区,我们常常可以看到栽有一排排的夹竹桃。夹竹桃是著名的观赏植物,它冬夏常青,叶子很像竹叶。花色除桃色外,还有乳白、黄色、深红、红白相间等,形态很像桃花,所以叫"夹竹桃"。

夹竹桃原产印度和伊朗,15世纪作为一种高雅的观赏植物传入我国,很受人们的喜爱。夹竹桃的叶面有蜡质,既有很强的抗旱能力,又有很强的抗污能力。据实验,在二氧化硫污染很严重的环境中,别的植物都活不下去,只有夹竹桃依然枝繁叶茂,碧绿苍翠。它对灰尘的吸附能力也很强,被誉为"绿色吸尘器"。

但是,我们也要知道,夹竹桃的叶、皮、根、花朵是有毒的。人只要吃一点新鲜夹竹桃皮,就会出现中毒症状:开始有恶心、呕吐、腹痛的感觉,进而心悸、脉搏不齐,严重者会导致死亡。夹竹桃的毒性要进入胃肠道才能发生,动物的症状也基本上和人的一样,所以我们平时不要去攀折它的枝、叶、花果等,以免发生意外。另外,美国已宣布禁止栽种夹竹桃,因为夹竹桃里有致癌物质。

不过,在世界各地,夹竹桃仍在广泛的栽种,因为它对人类还很有作用,除了绿化环境之外,它还像其他的一些有毒植物一样,为人类治病提供了珍贵的药源等等。

动物、植物

鳄鱼的眼泪

传说凶猛的鳄鱼在吞食那些弱小动物的时候，会流出"悲痛的眼泪"。所以，很早就有了众所周知的谚语："鳄鱼的眼泪"，并常常用这句话来讽刺那些伪君子。

鳄鱼是会"流泪"的，而且"泪水"很多，这是一种自然现象，并不是它在发慈悲，也不是什么怜悯，只不过是在排泄体内多余的盐分。

肾脏是动物的排泄器官，而鳄鱼肾脏的排泄功能不很完善，体内多余的盐分，要靠一种特殊的盐腺来排泄。鳄鱼的盐腺正好位于眼睛附近，每当鳄鱼在吞食那些猎物的时候，同时在眼角附近淌下盐水来，因而被误认为是鳄鱼在流"悲伤"的眼泪了。

除鳄鱼外，科学家还发现海龟、海蛇、海蜥和一些海鸟身上，也具有类似鳄鱼那样的盐腺。

这些动物的盐腺构造几乎一样：中间是一根导管，向四周辐射出几千根细管，跟血管交错在一起。它们把血液中的多余盐分离析出来，然后通过中央的导管排泄到身体外面，导管开口在眼睛附近。盐腺除去海水中的多余盐分，动物得到的是淡水。所以，盐腺是动物的天然"海水淡化器"。

海水是不能喝的，所以船只在海洋航行，必须装上许多淡水。不过，这样就使船只的有效负荷下降。如果装上海水淡化器。船只在海洋航行就可以少带淡水，但限于技术复杂，费用昂贵和效率低，目前不能根本解决问题。因而有人设想，如果能模拟鳄鱼那种体积小、重量轻、效率高的海水淡化技术，该是多么理想啊！

动物、植物

飞得最快最高的鸟

世界上所有的八千多种鸟类中，哪一种飞得最高？哪一种飞得最快？的确是人们很感兴趣的一个问题。

从前，人们总以为迁徙鸟能飞得特别高，而事实上，经过从飞机和气球上所作的特别试验证明，大多数鸟类都在400米以下的空中飞行，通常不超过1000米。这是因为鸟类和人一样，离开了空气就不能生活，而空气呢，越往高，越稀薄，氧气就越少。

某些常年生活在高原地区的鸟类，由于对稀薄空气已经适应，它们能够飞得比较高。如世界上最小的鸟类——蜂鸟，它能在海拔4000～5000米高的山上采食花蜜。我国登山运动员在攀登世界第一高峰——珠穆朗玛峰时，曾看见有一种名叫兀鹫的大型猛禽，在自由自在地翱翔。这就是世界上飞得最高的鸟类之一。

兀鹫体重十多公斤，翅展长近2米，嗜食动物尸体，繁殖在青藏高原的高山地区。

除了兀鹫之外，还有几种鸟类的飞行高度也不在兀鹫之下。例如有一种山鸦，也常拜访海拔七千多米的登山队员的营地；另外，生活在青藏高原上的岩鸽，也能轻易地飞越海拔七千多米的山脊。这些都是世界上飞得最高的鸟类。

哪一种鸟飞得最快？得看是短距离还是长距离。据专门的光学仪器测定，北京雨燕（即栖居在城楼高阁上的一种黑色雨燕），每小时可飞110公里，是长距离飞行的冠军。隼类猛禽在扑向一只正在飞行的鸟的一刹那，它的速度每小时达360公里，这速度比雨燕快两倍多。但它却不能以这个速度持续飞行，只能进行短距离冲击。

动物、植物

海里的仙人掌

仙人掌是生活在热带干旱荒漠地区的一种植物。可是你听说过吗,在我国胶州半岛的海域里,有一种海仙人掌。但是这种仙人掌并不是植物,而是一类群体的腔肠动物。海仙人掌的形态之美,是仙人掌类植物远远不能相比的,而且海仙人掌还会发出磷光哩!

海仙人掌的群体形状很奇特,呈棍棒形,体色粉红,全身都是松软的肉质。它的生活方式既不是固着,又不是漂浮,而是把柄部巧妙地埋插在松软的沙泥里,枝体干部直立在浅海的海水中。体干表面环生着许许多多细小的珊瑚虫。这些珊瑚虫有两种不同的形状,一种叫水管螅,另一种叫营养螅。营养螅长有8条中空的羽状触手,口就在这8条触手的中央,下通口道。腔肠里有8个膈膜,因此,海仙人掌属于八放珊瑚类动物。

最有趣的是,当海水涨潮时,水管螅立即大量吸取海水,棍棒状的体干连同柄部,就像打足气的"洋茄子"似的膨胀起来,顷刻间能伸长到25厘米,直径大约在3厘米。这时的群体显得格外丰满,全部水螅体都自然地伸展,细小的羽状触手很像仙人掌的针、刺。由于海仙人掌吸水膨大时形状像黄瓜,人们又叫它海黄瓜。

动物、植物

会放电的电鳐

发电机能产生电,这事并不奇怪。但说到鱼类能放电,那就很少听说了。实际上,生长在海洋中的一类软骨鱼——电鳐,它也能放电,如果人在海洋中遇着它,身体会像受到剧烈打击一样,突然战栗起来。这就是电鳐体内"活的发电机"在放电。

电鳐是什么样的鱼呢?

电鳐身上光滑无鳞,身体背腹扁平,头、胸部连在一块,尾部呈粗棒状,很像一把厚的团扇。它的一对小眼睛长在背面前方中央处,在身体的腹面有一横裂状的小口,口的两侧各有5个鳃孔,行动迟钝,栖居于海洋底部,最大的个体可长到2米。它分布于太平洋、大西洋、印度洋等热带和亚热带海洋中,我国东南沿海一带也有分布。我国产的电鳐体型较小,很少在0.3米以上。

那么,电鳐是怎样放电的呢?

据科学工作者的研究,在电鳐的身体内部有特殊的发电构造,头胸部腹面两侧各有一个肾脏形、蜂窝状的发电器。这两个发电器,是由一块块肌肉纤维组织的电板重叠而成的六角形柱状管,大约每个发电器中有600个这样的管。在这些"电板"之间充满着胶质状的物质,可以起绝缘作用。每一"电板"的一面有神经末梢联系着,这一面为负电极,另一面则为正电极。电流的方向是由正极流到负极,即由电鳐的背面流到腹面。当大脑神经受到刺激或兴奋时,这两个发电器就能把神经能变为电能,放出电来。电鳐每次放电一般的个体为70~80伏特,往往在连续放电中的第一次可达100伏特,最大的个体放电可在200伏特左右。但在连续放电之后,就显得筋疲力尽，需休息一段时间后才能恢复过来。由此可见，电鳐放电的能力是不小的，它能击毙水中的小鱼、虾及其他小动物。当遇着敌害时，电鳐用放电来保护自己。

能放电的鱼类还有电鲶和电鳗等。电鲶生长在尼罗河和西非的一些河流中，它放电的电压是100伏特左右。电鳗生长在中美和南美的河流中，体长约2米，体重约20公斤，它的发电器官分布在身体两侧的肌肉中，放电的电压可达300伏特。电鳗的肉味很鲜美，当地人在捉电鳗时，先将一些家畜赶到河里去惊扰电鳗，促使它放电，待电鳗消耗了所带的电量，然后用渔网和手来捕捉体力已经减弱、暂时不能放电的电鳗，以保证捕鱼人的安全。

动物、植物

会害羞的含羞草

含羞草是一种很有趣的观赏植物，当你用手轻轻碰一下它的叶子，它就会像害了羞一样，把叶子合拢来，垂下去。你触得轻，它动得慢，折叠的范围也小；你触得重，它也动得快，不到10秒钟，所有的叶子全折叠起来。

含羞草为什么会动呢？原来，在含羞草叶柄的基部，有一个充满水分的叶枕。当你用手触摸含羞草，叶子振动了，叶枕下部细胞里的水分立即向上部与两侧流去，于是，叶枕下部像泄了气的皮球似的瘪下去，上部像打足了气的皮球似的鼓起来，叶柄也就下垂、合拢了。当含羞草的叶子受到刺激作合拢运动的同时，产生一种生物电，将刺激信息很快扩散到其他叶子，其他叶子也依次合拢来。不久，当这次刺激消失后，叶枕下部又逐渐充满水分，叶子就重新张开恢复原状。

含羞草的这个特点对它的生长很有利，是对自然条件的一种适应。在草地或林间，当它受到触动时，迅速闭合的叶片和突然下垂的小枝会使动物有所畏忌，这就防止了可能被草食动物吃掉的危险。

另外，晴天里含羞草不受触动是绝不"含羞"的，即使有人碰它，"含羞"的时间也很短。然而，在阴雨天气到来前一两天，由于空气湿度增大，一些小昆虫飞不高，碰撞含羞草的机会就大大增加了。这样一来，含羞草就失去了晴天里的端庄大方，变得"羞羞答答"，它那羽毛状的叶子总是合起来，叶柄也随之下垂，因此，气象工作者得知，含羞草"含羞"是阴雨天气即将来临的信号。

会开花的千年古莲子

种子的寿命有长有短，相差十分悬殊。戈壁大沙漠中梭梭树的种子，寿命仅有几小时，是世界上最短命的种子。但它的种皮薄，易透水，生命力极强，只要得到一点水，在20℃~25℃下经30分钟就能萌发，2~3小时内就能生根发芽，也是世界上发芽最快的种子。所以，被誉为征服沙漠的先锋植物。

一般植物种子寿命为几个月或几年，超过15年就算长命的。那么世界上有没有千年不死的种子呢？有的，这就是我国的古莲子。1951年，在辽宁省大连市普兰店东郊泡子屯村的泥炭层里发现了一些古莲子，经科学家用放射性同位素C-14测定和孢粉研究，证明它们已有千年左右的寿命。当科学家把外表坚硬的古莲子浸在水中，期望它能发芽、生根、开花时，它依旧沉眠不醒。但给古莲子动了个小小的"手术"，即在莲子的两端，用锉刀轻轻地锉破它的坚硬外皮，再给足水分并保持一定温度后，古莲子竟然抽出了嫩绿的幼芽。

北京植物园1953年栽种的古莲子，在1955年夏天就开出粉红色的艳丽花朵，并且结了果。不少国家的植物园从我国引种，并已栽培成活。

古莲子的寿命为什么会这样长呢？原来植物种子离开它的"母体"之后，就有了独立的生存能力。寿命的长短，与种子本身的结构及其贮存条件的好坏，都有着密切关系。古莲子外面的果皮是由特殊的栅栏组织构成的坚韧的硬壳，当莲子成熟后，果实缩小，表面气孔也随之缩小，这就使外界的水分、空气和细菌难以进入，果皮难以受到破坏；同时古莲子长期深埋在地下的泥炭层中，这里含水量低，温度变化极小，仅有少量气体存在，古莲子呼吸作用微弱，长期处于深度休眠状态，几乎不消耗什么营养物质，所以成了长寿种子。但关于种子的长寿问题，还有许多疑难问题目前并未完全解决，还有待于今后继续探索。

动物、植物

会爬树的鱼

在我国沿海和西非及太平洋的热带海岸边，生活着一种会爬树的怪鱼——弹涂鱼。这种鱼长着两只突出的眼睛，一只专管觅食，另一只专管监视敌情。它的胸鳍非常发达，好像两只"前臂"，能伸能缩。依靠这种特殊胸鳍的支撑，加上身体的弹跳力和尾鳍的推动力，它既可以游泳，又可以在沙滩上匍匐爬行或跳跃前进。有时它能沿着树干爬到树枝上去，捕食落在树上的昆虫等小动物，所以也叫跳鱼。

这种鱼能用尾巴从水和泥土中吸氧。每次登陆时，它先在鳃里贮满氧气，然后成群地到陆上旅行。当氧气用完后，它就将尾巴插进泥土里吸取氧气。弹涂鱼除了用鳃和尾鳍呼吸外，还可以用皮肤和口腔黏膜呼吸。

动物、植物

会跳舞的电信草

一般认为植物和动物不同，动物会活蹦乱跳，而植物却是直立不动的。其实并非如此。高等植物是不会自动地离开它的位置而移动，但若仔细地观察，它们的根、茎、叶各个部分都随时在运动之中，如合欢树叶片的昼开夜合，含羞草叶柄的受触下垂等，都是大家熟悉的例子。再如播到土里的种子，不论是横放还是竖摆，萌发出来的幼芽总是朝地上面伸长，幼根向土下层发展。试想一下，如果种子不能运动，根不能自行向地，而芽不能背地生长，那我们播种时，必须将每粒种子摆得端端正正才能萌发出土，那该是多么麻烦的事啊！

更奇特的是，在菲律宾、斯里兰卡和印度以及我国台湾省生长着一种叫电信草的植物，它会跳舞，而且是有名的"舞蹈家"，所以当地人又称它为"舞草"、"风流草"。

舞草对阳光非常敏感，它一经太阳照射，大叶旁边的两枚侧生小叶，会缓慢地向上收拢，然后迅速下垂，像钟表的指针一样，不倦地画着椭圆形曲线，不息地回旋运转。这种有节奏动作，宛如舞蹈家轻舒玉臂，翩翩起舞，舞姿十分优美，富有节奏感，而且能从太阳升起一直舞到太阳落山。

关于舞草白天跳舞的内在原因，科学家们尚未研究得十分清楚，到目前为止，基本上可以归纳为两种意见。一种认为是植物体内生长素的转移，引起植物细胞的生长速度变化所致；另一种则认为是植物体内微弱电流的强度与方向的变化而引起的。至于舞草跳舞的作用，有人认为舞草跳舞可以起到自卫的作用，当它起舞时，一些愚蠢的动物和昆虫就不敢前来侵犯了。也有人认为，由于斯里兰卡和印度是热带气候，阳光照射十分厉害，舞草为了不被强烈的阳光灼伤，两枚侧生小叶就不停地运动，起到舞草躲避酷热的作用。不过，随着科学的不断发展，相信植物"跳舞"的奥秘，一定能够探索清楚。

动物、植物

会笑的树

非洲卢旺达首都有一家植物园,人们在那儿游览,遇到刮风的时候,就会听到"哈、哈……"的笑声。不知缘由的游人左顾右盼,也休想找到那个发笑的人。当地人便会手指一棵大树,自豪地来帮助解开谜团:"这是一种会发笑的树,它以笑声表示对你的欢迎。"

笑树为什么会笑?原来,它是一种小乔木,高约7~8米,树干深褐色,叶子呈椭圆形。每根丫杈间,都长着一个像小铃铛般的皮果,它又薄又脆,里面是个空腔,生着许多小滚珠似的皮蕊,能自由滚动;皮果外壳长满斑斑点点的小孔。一阵风吹来,皮果随风摇动,皮蕊在空腔里来回滚动,不断撞击既薄又脆的外壳,发出像人一样的笑声。因此,当地人称它为"笑树"。

更有趣的是,巴西有一种名叫"莫尔纳尔蒂"的灌木,它在白天能"笑",晚上会"哭",发出不同的声响。植物学家经过研究后,认为这一奇妙的现象与阳光的照射有着密切的关系。

动物、植物

力大无穷的小动物

有人做过这样一个实验：捉一只体重仅 0.5 克的蠼螋（耳夹子虫）成虫，让它拖上一辆重 170 克的玩具空车。小虫拖着空车居然在平滑的路面上顺利通行。后来在小车上装上一块重 200 克的石块。它还能不费力地拖动，直到把重量增加到 265 克，还可以勉强拖动。如果拿蠼螋的体重与它所拖拉的物体总重量相比较，拖拉的重量竟然相当于它体重的 500 倍。

昆虫为什么有这么大的拖拉力呢？这除了它有发达、强劲有力的肌肉以外，还与足的构造有关。

昆虫的足，像一台高性能挖土机的铁臂，可以分为 5 节，各节间由薄膜和韧带连接着，活动起来很灵活。靠近身体的一节叫做基节，生长在胸部向下凹陷的小窝里，掌管着足的全部动作。第二节短粗圆滑，是足上的主要转轴，像挖土机上的转台，操纵足的旋转，人们叫它转节。第三节比较粗大，表皮下生长着发达的可自由伸缩的肌肉，好像挖土机的铁臂和气塞泵，人们把它比作人的大腿，所以叫腿节。再前面的一节叫胫节，起着推拉杆的作用，足的伸长或缩短，行走时步子的大小，主要由这一节来支配。最前面的一节叫跗节，一般由 4 至 5 小节组成，由于各小节的间隔很短，运动灵活，可调节全足接近直线，增加拉力。在最末一节的顶端，还长着两个又尖又硬的钩状爪子，相当于挖土机上的铁铲，可以牢固地抓住物体。有的昆虫在两个爪子之间，还生长着一小块海绵似的垫子，能减轻身体落地时造成的振动，也可凭借它分泌的黏液或吸力，将身体附在光滑物体的表面。昆虫有了这套巧妙组合的足，加上各节又

百科阅读

有起着不同作用的肌肉组织，肌肉依靠神经系统支配，各自相互作用，便产生出巨大的接应力来。

昆虫不仅拖拉力强，有些昆虫的弹跳能力也很惊人。跳蚤能跳 22 厘米高，超过了自身高度的 100 倍；跳出 50 厘米远，超过身长的 200 倍。虫可跳 478 厘米，超过了身体长度的 143 倍。凡是能够跳高、跳远的昆虫，它们的共同特点是后足发达，腿节粗壮。

蚂蚁和白蚁

白蚁，无论从名称上或从长相上，人们都以为它与蚂蚁是血缘很近的"亲属"。其实并不然，白蚁属于等翅目，是类似蟑螂的低等昆虫，而蚂蚁属于膜翅目，是与蜜蜂、黄蜂亲缘相近的、比较高等的昆虫。

等翅目的白蚁，名副其实，它的前后翅膀几乎是同形态，大小也相似，长于身体。生有翅膀的蚂蚁，前翅比后翅宽大，翅长与身长相等，区别明显。

从成虫看，白蚁的触角是念珠状的，蚂蚁的触角是膝关节状的。最容易分辨之处是，蚂蚁腹基部细，形成细腰，而白蚁腹部各节粗细差不多，没有蚂蚁这种细腰。

从发育看，白蚁的幼蚁经过几次蜕皮就变成成虫，没有蛹期，属不完全变态。蚂蚁要经过蛹期才变为成虫，属完全变态。

此外，白蚁是一类活动隐蔽、群栖的昆虫，喜欢吃木质纤维。它的种类多、分布广、危害大，是世界性害虫。蚂蚁却是许多害虫的天敌，一群蚂蚁一天能消灭两万只害虫。蚂蚁的穴居生活还可以改善土壤结构，增加土壤肥力，每天能完成地球表面大量废弃物的清理工作。

根据这些区别，你就不会认为白蚁和蚂蚁是同一类昆虫了。

动物、植物

能驱鼠的植物

俗话说,过街老鼠人人喊打。由此可见,鼠对人类的危害有多大。鼠会糟踏庄稼、粮食,据估计每年被老鼠糟蹋的粮食,占全世界粮食产量的1/5。鼠曾使人类受到很大的伤害,公元6世纪,鼠疫在全世界流行,死亡约1亿人。14世纪发生的一次大鼠疫,仅欧亚两洲就死亡6500万人。鼠还能传播各种疾病。

多少年来,人们用鼠的天敌——猫灭鼠,或以各种药物杀鼠,想尽办法进行捕杀。但鼠仍时时威胁着人类。

有趣的是,在大自然中,鼠除了动物天敌猫以外,还有一个使其不可掉以轻心的"对手",那就是有驱鼠效应的绿色植物。人们给这些植物取了个好听的名字——植物猫,也有人称它为驱鼠植物。

绿色植物是如何驱鼠的呢?下面介绍几种驱鼠植物。

闹羊花:又名羊踯躅。杜鹃花科,落叶灌木,春季开花,我国南方各省都有,多野生于山野间。闹羊花含杜鹃花素、石楠素等有毒物质,对人、畜都有危害,不能吃,可制土农药,与高氯酸配成烟雾剂,点燃后投入鼠洞,堵住洞口,就可使老鼠致死。

接骨木:忍冬科,分布于我国东北、华东、华北各地,野生于向阳山坡。在庭园内栽培,可作观赏。枝可入药。瑞典植物学家林奈曾说,假如将接骨木的叶子放入谷仓内,就可以驱鼠。这种植物的挥发性物质,对鼠类有剧毒作用,鼠闻味就逃。

药用倒掉壶:又叫鼠见愁。紫草科,分布于欧洲、亚洲北部。晒干后能散发出一种鼠类无法忍受的气味,田鼠和家鼠根本不能靠近。

芫荽：又叫胡荽、香菜。伞形科，一二年生草本，有特殊香味，叶可作蔬菜。原产地中海，我国各地均有栽培。芫荽内含胡荽脑，能散发出强烈气味。人们利用其叶子与谷物混在一起，可保护谷物免受鼠害。

还有一种驱鼠植物叫老鼠筋，爵床科，叶片有刺，叶柄基部有一对锐刺。人们常把它放在老鼠出没的地方，老鼠一碰就"退避三舍"，老鼠筋就由此得名。

我国幅员广阔，植物资源十分丰富，有待于不断发现更好的驱鼠植物。

奇形怪状的舌头

舌头，对动物来说，不仅是吃食物时的搅拌器，而且还有别的用处。所以，有些动物的舌头就长得奇形怪状。

老虎等食肉动物的舌头上长有许多肉刺，当吞食猎物时，舌头能把猎物骨头上的碎肉一丝不留地舔干净。

长颈鹿的舌头很长，约60厘米，能把树上的嫩枝嫩叶卷住，吃起来就很方便。

青蛙的舌头很奇特，舌根长在下颌的前方，舌尖则伸入到口腔内。当捕捉小虫时，舌头会立即倒弹出来黏住小虫，然后翻回口腔，把食物送入口中。

啄木鸟的舌头又细又长，舌尖上还有一排小倒钩，可伸入树洞，钩出里边的害虫。

蜜蜂的舌头生在口器管状的吻中间，采花粉时，长而细的舌头伸进花筒，一伸一缩，花粉通过吻部进入蜜蜂体内。

动物、植物

世界上最大的和最小的花是什么花

在苏门答腊的热带森林里,有一种寄生植物,叫做大花草,一般寄生在葡萄科乌蔹莓属植物的根上,大花草很特别,它没有茎也没有叶,一生只开一朵花,可这一朵花特别大,最大的直径达1.4米,普通的也有1米左右,因此,大花草长的花也叫做大王花,可算是世界上最大的花了。花的形状像个大面盆,有5片很厚的红色花瓣,一朵花的重量就有六七千克,花心像个空洞,里面可盛水六七升。开花的时候也散发出很浓的气味,但不是香气,而是像烂鱼腐肉那样难闻的恶臭,因为花儿大,这种令人难受的恶臭能传送到几里以外,这种臭味正好招来一些逐臭的苍蝇如潜叶蝇之类来为它们传粉。

大王花是1818年间植物学家阿诺尔特(J. Arnold)在印尼苏门答腊的热带森林里发现的,因此,它的学名中的种名就用他的名字叫做Arnold。由于大王花只有苏门答腊才有,因此列为被保护的植物。

在一般的池塘和稻田里,有一种浮生在水面的水生植物,是浮萍科的无根萍,它没有根也没有叶,形状似小球,长约1毫米,宽不到1毫米,这样小的植物,它的花也更小了,花的直径只有缝衣针的针尖那么大,不注意还看不出来,可算是世界上最小的花了。

动物、植物

为什么雌蚊要吸血,雄蚊不吸血

夏天睡觉,最烦人的是蚊子。当你刚要入睡时,它就"嗡嗡"地飞来,轻轻地停在你的皮肤上,叮一口,吸了血,让你的皮肤痒得难受。

吸血的蚊子有库蚊、按蚊和伊蚊。一般是雌蚊吸血,雄蚊不吸血。雌蚊吸血以后,就躲到墙角暗处休息,准备产卵。蚊子休息时,将前边的一对足着地,一对后足高高地跷起,还不停地上下摆动着。雌蚊一生仅活2个月,产5次卵。蚊子的幼虫生活在水中,俗称孑孓。经过4次蜕皮后,幼虫变成蛹,生活在水面。蛹羽化后,变成蚊的成虫。雌蚊飞离水面后,专门吸人的血,为产卵作准备。由于雌蚊吸血时将含有酸性的刺激物注入人的皮肤,所以,皮肤被叮后又肿又痒。

雄蚊则是以吮吸植物的枝芽和花蕾的液汁维持生命的。所以,雄蚊不叮人吸血。

五颜六色的血液

蚯蚓的血色非常美丽，呈玫瑰色。

蜘蛛的血是青绿色的。生活在海边岩石缝中的一种小环虫，它的血是鲜绿色的，乌贼的血也是绿色的。

对虾、海蟹、毛蟹的血是淡青色的，因而有人误认为虾、蟹是无血动物。

有一种叫鲎的节肢动物，它的血是蓝色的。河蚌和蜗牛的血也是淡蓝色的。

田螺更容易被人误认为是无血动物，因为，它的血是白色的，有点像牛奶。

南极附近的海域里有十几种珍贵的鱼，它们的血液都是无色的。

更奇特的是生活在海底岩石上的一种扇蟌虫，它的血液居然可以变色，一会儿变绿色，一会儿又变成红色。

血液的颜色是由血色蛋白含有的元素决定的。各种动物在进化过程中，各自形成了不同类型的血色蛋白，所以血液也就五颜六色了。

动物、植物

一日三变色的猫眼

猫的眼睛,不仅早、晚与白天不一样,而且早晚与夜间也不一样。

我国民间有一个关于猫眼一日三变的谚语:"寅卯申酉如枣核。辰巳午未如一线,子丑戌亥如满月。"这句话,非常形象地描述了猫眼的变化。不过,因不同地区日照长短不一,同时四季气候是在变化的,所以,眼睛变化的时间是有差别的。

猫的眼睛,为什么会一日三变?我们只要仔细研究它的眼球的构造,道理就知道啦。

原来,猫的眼球瞳孔很大,而且瞳孔括约肌的收缩能力也特别强。人类如果注视太阳以后,瞳孔虽会缩小,但缩小到一定程度,就不再缩小了。因此,时间长了,眼睛会感到不舒服。如果在过分昏暗的地方多看了些时间,也会感到头昏眼花。可是,猫在不同光线的照射下,却能很好地适应。在白天强烈的阳光照射下,它的瞳孔可以缩得很小,像一根线那样;在夜里昏暗的条件下,瞳孔可以开放得像满月那样圆大;在早晚中等强度光线照射下,瞳孔会形成枣核般样子。由于它的瞳孔比人具有更大的收缩能力,所以对光线的反应也比人灵敏。这样,尽管光线过强或过弱,猫照样能看清东西。

有免疫功能的植物

植物受到各种病菌的侵染时也会生病，但是植物并没有因此而灭绝，其中的奥妙在于植物与动物一样也具有免疫功能。

植物大都具有天然免疫性，它能有效地抵抗真菌、细菌和病毒引起的病害。

那么植物是不是可以像人种牛痘一样，也能获得后天的免疫力呢？人们经过长期试验，终于获得成功。用各种诱导因子接种于幼小植物，植物就能整体免疫，抵抗各种病害的发生。

诱导因子可以是多种的，病原体的非致病性生理小种、选择过的非病原体、弱致病性病原体、强致病性病原体以及它们的代谢产物都可以诱导植株对病害获得免疫能力。诱导方法比较简单，将诱导物喷洒或滴在叶片表面，直接浇根或注射到植株茎部，都可以诱导植株免疫。对同一种植物来说，诱导因子可以是多种的，并且诱导产生的抗性不仅限于一种病原菌，可以是多种的防护，具有一定的广泛性。

目前至少已在17科植物中证实，免疫植株中的植物抗毒比一般植株明显提高。植物抗毒素具有生物专一性，可直接抑制病原菌生长。

动物、植物

植物有性别吗

我们知道,人有男女之分,动物也有雌雄之别。那么,植物是否也有性别之异呢?

人类真正对植物性别有科学性的认识始于17世纪显微镜发明之后。通过对植物进行深入研究发现,绝大部分植物都是雌雄一体,即同一株植物体上既有雄性的器官,又有雌性的器官。花药是植物的雄性器官,而柱头、花柱、子房是雌性器官。

随着科学的发展,人类对植物性别的认识有了愈来愈深入的了解。花作为显花植物的生殖器官,有两性花和单性花之分。两性花的雌蕊和雄蕊长在同一朵花里,如苹果、桃、李、栋、椴、槐、桉树等。单性花是指只有雌蕊或只有雄蕊的花。有些植物的雌花和雄花是长在同一植株上的,这样的植物是无性别之分的。通常它的雄花长在枝条的基部,而雌花则长在枝条的端部,如柏、杉、胡桃、榛、桦、椰子等均属此类。雌雄器官长在同一植株上的,称为雌雄同株。其中具有两性花的称为雌雄同株同花;具有单性花的称为雌雄同株异花。而有些植物,其雌花和雄花分别长在不同的植株上,则称为雌雄异株,如杨、柳、杜仲、月桂、羽叶槭、黄连木等。

这类植物通常是雌株开雌花,里面长着雌蕊,雄株开雄花,里面长着雄蕊。雌株结果,而雄株不结果。如果只有单独的一株植物,那就不能传粉,自然也就无法结出果实和种子来。有时单性花和两性花同时生于一个植株上,有时又分开生于不同的植株上,称为杂性花。

此外，植物学家经过观察和研究，发现了一种叫印度天南星的变性植物。这种植物是一种喜湿的多年生草本植物，在湿带等亚热带地区均有分布。它不但会变性，甚至一生还能变几次。从高大健壮的雌株变为小体型的雄株，养精蓄锐，体力得到恢复后，再次变为雌株，承担起繁殖后代的重任。那些既不是雄株，又未能变为雌株的过渡株，就只好暂居中性了。

动 物、植 物

"致命杀手"——相思豆

相思豆比黄豆大一点，呈椭圆形，具有光泽，色彩对比强烈，鲜红与纯黑色界限分明。可假如剥去这种小红豆美丽坚硬的外壳品尝一下相思籽，就会在数小时后感到恶心、呕吐，从而产生肠绞痛以及腹泻、便血、呼吸困难、心力衰竭等症状，最后导致死亡。

1978年秋天，在英国，一位作家就死于相思豆毒素。这一天，伦敦一家医院里住进了一位症状奇特的病人，令医生们束手无策。他的症状很像败血症或者血液中毒，可医生所采取的所有措施对他都丝毫无效。不久，这位病人便由于心力衰竭而死亡。百思不得其解的医生们在尸检时惊奇地发现，在其腿部伤口内，有一个直径只有1.5毫米的金属弹丸，正是这个金属弹装载的微量毒剂，夺去了他的生命。这粒致命的微小弹丸中，究竟装了些什么毒药呢？经专家鉴定，这种剧毒物质就是相思豆毒素。这是当前已知的两类毒性最强的细胞毒素之一，它们属于肽素化合物，也被称为毒蛋白。而相思豆毒素的主要来源就是外观诱人的相思豆。

所以您可以喜爱相思豆种子做成的工艺品，但千万不要品尝它的味道。

第五章

科技、生活

　　科技的发展与社会生活是密切相关的。随着科学技术的发展,我们的生活也越来越好,越来越方便。我们不得不感叹,科技已经走入并深深地影响和改变了我们的生活。

科技、生活

X 射线对眼睛有什么损伤

随着现代科学的发展，X 射线的应用越来越广泛，大家都会遇到接触 X 射线的场合，因此了解 X 射线对眼睛的损伤及如何防护是很有意义的。

X 射线对眼睑、结膜、角膜、晶状体、视网膜、视神经等都可引起损伤，最主要的损伤对象是晶状体。X 射线辐射所致的晶状体浑浊叫做放射性白内障。这和微波引起的白内障有点类似。

放射性白内障起始于晶状体后基部后囊下皮质。如果用裂隙灯显微镜观察，可以看到这个部位有点浑浊及空泡，也可能出现球状浑浊。如果进一步发展，后囊下皮质会呈蜂窝状浑浊，这时前囊下皮质也出现浑浊，最终全部晶状体都会变浑浊，眼睛就失明了。

从事 X 射线工作的技术人员，如果视力减弱，就应该进行这方面的检查。有时，医生发现接触 X 射线较多的人的晶状体有浑浊点出现，会怀疑是否由于接触 X 射线而引起了放射性白内障。

首先需要说明，晶状体有浑浊点并不意味着一定是发生了放射性白内障。用医学器械观察正常人眼的晶状体，几乎人人都可以发现有浑浊点。而只有在晶状体后基部出现浑浊点，才需要怀疑是否有病。进一步讲，即使是后基部出现浑浊点，也不能确定是 X 射线所致，因为其他类型的白内障也可能起始于晶状体的后基部。

那么，如何确诊放射性白内障呢？这需要综合考虑，那就是具有典型的白内障形态；接触过一定剂量 X 射线等情况，这就需要仔细考虑。

并非接触了 X 射线就必然引起放射性白内障。根据卫生学调查及动物试验，接触小剂量 X 射线不会引起白内障，比较大的剂量才有可能引起白内障。所以，从事 X 射线工作的人员应注意使用保护措施，比如：减少接触 X 射线的时间、增大与 X 射线的距离、设置屏蔽、戴铅防护眼镜等。

除 X 射线外，γ 射线、β 射线等均可引起放射性白内障。由此可见，不仅接触 X 射线的工作者，接触原子反应堆、高能加速器、放射性元素的科技人员，都应该加强防护。

科技、生活

不能背着昏迷病人去医院

在医院的急诊室里,常会遇到有些人背着昏迷病人急匆匆地要求医生抢救的情景。可是医生诊察后往往摇摇头说:"已经无法抢救了!"这是不懂得医学常识办了错事的后果,空有一片救人的好心,结果搞得事与愿违。

为什么不提倡背着昏迷的病人去医院抢救呢?人昏迷是人生命垂危的表现,此时病人意识丧失,只靠一些最基本的生命反射勉强维持心跳和呼吸,以保证新陈代谢的最低需求。

缺氧是昏迷的根本原因之一,也往往是昏迷的后果。运送昏迷病人应采取头低位,以利于大脑供血和供氧。昏迷病人被背在背上时头的位置最高,不利于大脑供血,会加重脑缺氧;另外,昏迷时本来就呼吸微弱,背着时病人胸部受压迫,必将严重地影响肺的扩张,使肺通氧量大大减少;同时也使心脏受压,既影响心脏搏动,也能诱发心律紊乱,使心输出量降低。这些都会加重缺氧,而使昏迷加深。

另外,病人昏迷时咳嗽反射消失、声门失控,病人被背在背上,口鼻分泌物、呕吐的胃内容物或血液可以经声门流入气管,而堵塞呼吸道;也可刺激气管诱发喉痉挛而窒息死亡;少量流入气管时,也会继发感染而造成坠积性肺炎。

如果是脑出血引起的昏迷,被背着的病人胸部受压,中心静脉压升高,使血液向心脏回流阻力增大,造成颅内血管内压升高,会加重脑出血或发生重复出血。

如果是内脏大出血过多,因脑贫血而昏迷者,背在背上会因胸腹腔受压及颠簸而加重出血，使昏迷加深，甚至即刻死亡。

那么，怎样运送昏迷病人才是正确的呢？

应该把病人安置在担架或平板上，不要枕头，保持头低位，左侧肩部用软物垫起以使头偏向右侧。这样才有利于分泌物和呕吐物自口中流出，而不至于堵塞气道。运送中要避免颠簸，以免引起或加剧内脏出血。不论病情多么紧急，都不该背昏迷病人，才不致好心办错事，空留遗憾。

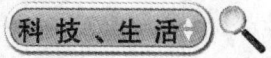

科技、生活

不能滥用抗生素

回顾中外医学发展的历史,有过许许多多的教训和失误,其中过分依赖抗生素,滥用抗生素,就是人类医学史上最大的失误之一。

早年,抗生素的发现使人类受益匪浅,它使可怕的产褥热不再成为产妇的杀手;使吞噬千百万人生命的鼠疫、伤寒和霍乱等烈性传染病得到了有效控制;使外科手术不再因为感染而失败。然而,随着抗生素种类的增多,使用历史的延长,滥用的现象日益普遍,同时也带来了许多意想不到的严重后果。

抗生素可分为许多种类型,每一种类型都具有独自的抗菌范围。简单地说,某一种抗生素对某种细菌有杀灭或抑制作用,但对另外的细菌则没有作用。如果抗生素选择错误或者一种抗生素使用时间过长,就会造成不良后果。轻的对疾病没有治疗作用,严重的将会延误病情,甚至引起许多不良反应。

滥用抗生素使越来越多的细菌产生耐药性,一些原来很有效的抗生素渐渐失去了效力,为此,人们不得不绞尽脑汁,去研究发现对付耐药菌的新的抗生素。令人头痛的是,新抗生素的发现速度还赶不上细菌产生耐药性的速度,而且耐药细菌的毒力也越来越强,越来越难以对付。为了对付细菌的耐药性,医生不得不同时使用多种抗生素,但这样一来,联用抗生素在杀死有害细菌的同时,一些脆弱的有益细菌也会被"置于死地",导致菌群失调,降低人体的抗病能力。

还有,抗生素在治疗疾病的同时,或多或少带有某些副作用,如果对它们的副作用不了解而滥用的话,后果将不堪设想。比如有的抗生素会影响听力，甚至发生耳聋；有的抗生素对肾脏有损害，如用于患有肾病的病人身上，会加重病情；有的抗生素会引起过敏，使用前一定要做皮试等等，因而在选择时千万要慎重。

许多人有一个错误的观点，仿佛抗生素是万能药，只要一有头痛脑热就可以随时滥用，这不仅造成大量浪费，而且会培养出耐药的病菌。此外，过多使用抗生素，还会使自身的免疫能力明显降低。所以，当人们患病时不应自作主张地使用抗生素，一切应听从医师的意见。

不能随便挖耳朵

耵聍就是我们常说的耳垢。它是耳朵里的耵聍腺所分泌出来的油样、水样物质，与耳内脱落下来的表皮混合在一起。

有的人习惯常掏耳泥，有些年轻的妈妈还特别喜欢给自己的孩子掏耳朵。

可不要小看耵聍，耵聍对人还有不少益处呢。耵聍可以保持外耳道的适宜湿度并且它的黏性物质能够把耳内的尘埃、病菌黏住，一来可以阻止进入中耳和内耳，二来耵聍本身含有脂肪酸，使外耳道处于酸性环境而具有杀菌作用，起到预防耳内感染的作用。

耵聍有特殊的苦味，可使小虫子或昆虫望而生畏，不敢贸然钻进去捣乱。比如蚊子黑天出来叮咬人，从没听人说过钻到耳朵里叮咬，可能就是这个原因。当然，它和耳毛一起，组成一道防线，防止异物或昆虫直接入侵，也是原因之一。

耵聍还有防水、缓冲强力的声波对耳膜冲击的作用。

有人可能还想到，耵聍腺不断分泌耵聍，天长日久不会把耳眼堵住了吗？不要担心，耵聍附着在外耳道的外1/3处，经干燥形成疏松的薄片，堆积一定量，就会随着讲话、吞咽、颞颌关节运动使耵聍失去附着力，脱落下来，侧卧位时，聚集在外耳道的耳垢就自然退出外耳道。

当然，耵聍分泌旺盛，可用牙签卷上消毒棉花，轻轻地挖。不可用不洁的尖硬物做掏耳用具，以防戳破外耳道皮肤或弄破鼓膜，引起皮肤发炎化脓，减退听力甚至导致耳聋。

不怕冷的眼珠

在寒冬腊月里,大家常会感到寒风刺骨,手、脚冰凉。不少人鼻子冻得通红、耳朵冻得起泡,不得不戴口罩,围上头巾,穿上棉鞋。

同样是长在头上,同样是暴露在体表,然而只有一处器官——眼睛不怕冷。即使在千里冰封的北国,仍然会像春夏秋季一样,欣赏那万里雪飘的北国风光。眼眉结冰,眼睫毛上霜,它们的邻居眼球照样顾盼自如,丝毫没有一点冷的感觉。

原来,眼的构造比较奇妙。构成眼珠的角膜、结膜、虹膜上虽然有极丰富的触觉和痛觉神经,却没有管冷觉的神经。

更重要的是,角膜和虹膜是缺少血管的透明组织,几乎没有什么散热作用,而且可起到缓冲冷气传导到眼球里的作用,加上有一层眼皮保护,给眼球热量,所以眼珠尽管露在外面,却不怕冷。

科技、生活

不湿的水

如果有人说，除了湿淋淋的水之外，世界上还有一种干巴巴的水，你一定会觉得奇怪，水怎么能是干的呢？就算水冻成了冰，用手一摸也仍然是湿的。然而"干"的水却真的存在，它在化学上叫做"结晶水"。

你可能见过胆矾吧？这是一种蓝色半透明的石头一样的东西，化学名字叫做硫酸铜。用手摸一摸胆矾，一点湿的感觉也没有。把它打碎成粉末，也看不到里面有半点水的影子，可是事实上胆矾里面含的水可多着呢，如果按分子个数计算，水竟是硫酸铜的 5 倍！原来这些水就是以结晶水的状态存在的。不过这种晶体中的每一个水分子都有自己一定的岗位，彼此牵制着，当你用手去摸它时，水分子绝不会擅自移动半步，跑出来把你的手弄湿。

在石膏粉（无水硫酸钙）中加一些水，调成糨糊似的稀浆，很快地把它倒进一个人像模子里，过一夜，打开模子一看，一个石膏人像就做好了。水到哪里去了呢？"溜"走了吗？这不可能，原来这时水也已经摇身一变，成为石膏中的结晶水了。水分子将散漫的石膏分子组织起来，变成了排列整齐的晶体，使石膏粉变成了坚硬的石膏像。

在家里常用生石灰来做干燥剂，可是在实验室中，大家都爱用无水氯化钙来做干燥剂，它的外貌和石灰很相像，可是它吸收水汽的本领却要比石灰高明得多。而且它吸收了少量水汽以后，本身还是干干的，因为它吸来的水分也是以结晶水的状态存在的。当吸收过多的水汽时，才会潮解。

有些化合物有了结晶水以后，颜色会随着发生变化。比如无水硫酸铜原是白色的，而含水的硫酸铜却有着美丽的蓝色。当我们要知道有机溶剂中是否有水时，只要放进一些无水硫酸铜。如果硫酸铜的颜色变蓝了，就说明里面含有水，否则就证明不含水或含水极少。

利用这个原理，你可以做一朵有趣的晴雨花。把一朵白色纸花放在氯化钴的溶液中浸一会儿取出晾干。氯化钴在没有结晶水时，是浅蓝色的，但是当它有了一个结晶水时就会变成蓝紫色，有了两个结晶水时变成淡红紫色，四个结晶水时成红色，六个结晶水时成粉红色。在常温下，当空气中的水汽变多时，氯化钴含的结晶水也较多；而当空气中含的水汽较少时，它又会把结晶水放出来。这样，我们从花的颜色就可知道空气湿度的大小，来推测会不会下雨了。

科技、生活

吃"维生素"的塑料

随着科学技术的发展,塑料已广泛应用于工农业生产和生活中的各个领域,并越来越显示出它所特有的优越性。但是,塑料与金属、木材一样,也存在着老化现象。试验表明,塑料的老化规律与动物肌体相类似。国外有些学者发现,给塑料"吃"些维生素,不但能增强塑料制品的牢固度,而且还可延长它的寿命。

为此,学者们进行了试验。不过,维生素在高温条件下会被破坏,所以,不能在制造塑料制品时加入维生素。正确的处理方法为:将刚制好的塑料制品浸泡在饱和的维生素溶液内。这样,维生素分子就会渗入塑料表面的细孔,使塑料与周围环境之间形成一层薄薄的防护层。这一防护层对防止塑料老化十分有效。对塑料齿轮、轴承进行防老化处理后,它们的寿命可比未经处理的延长1~2倍。

科技、生活

从看电视看出你的性格

在平常看电视时我们通常都会养成一些习惯，不同的习惯显示出了不同的性格，通常表现为以下几种情况：

1. 从来不看广告，遇到播放广告的时候就换台，这种人不喜欢浪费时间，视时间为金钱，有独立的思想，不愿人云亦云。

2. 边看电视边做别的事情的人，比如织毛衣、洗衣服等。这种人有较强的适应能力，而且拥有充沛的精力。

3. 不会过长时间停留在一个频道上，而是喜欢不停地换台收看各种节目的人，好奇心很强，活泼好动，善于处理人际关系。

4. 看电视容易入睡的人，性格安逸、随和，遇到困难解决起来游刃有余，毫不费力。

5. 喜欢一直看电视直到节目结束为止，这种人做事专一，有恒心，而且还富有同情心。

科技、生活

电脑验光好不好

让我们来谈一谈电脑验光法吧。由于电脑验光在检查过程中由电脑控制，检查结果自动显示并可打印出来，操作简便、迅速，很受厂商和用户的欢迎，因此一般的眼镜店里基本上都推荐进行电脑验光。但是电脑验光并不很准确，许多人在不同地方、不同时间验出来的度数不一致，有的人戴上根据电脑验光配制的眼镜后，感到不舒服，甚至出现头晕眼花的现象。电脑验光到底有什么缺点呢？

医生发现，近视特别是青少年近视，经过电脑验光得出的近视度数往往比实际高，一般能超过100度左右；远视和散光的电脑验光结果也有一些偏差，这是怎么产生的呢？

原来，人的眼睛每时每刻都会根据外界的物体而自动调节，看近处的东西时，眼睛的屈光状态会调节成近视状态；眺望远方时，屈光状态则会调节成远视状态。电脑验光法是以不可见的近红外线作光源，对眼睛的感光细胞不产生刺激，因此，不会使眼睛产生调节，也不能消除眼睛已经存在的调节状态，这样会出现一些误差。再说，电脑验光是根据电脑采集到的一瞬间的屈光状态进行的，本身就有很大的误差，如果只进行一次测量，当然会发生验光不准的现象。

医生们建议，近视尤其是青少年近视患者，不要过分相信电脑验光的所谓高科技技术，电脑验光有其先进的一面，但也存在一些缺点。最好将电脑验光作为初验检查，再采用传统的一些验光方法，得出一个比较准确的检查数字，配上一副合适的眼镜。实际上，在医院验光是最准确的，因为医生会使用药物放松瞳孔，详细地进行检查。

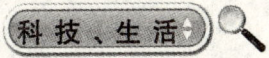

豆浆未煮熟有毒

豆浆含有较丰富的蛋白质和脂肪以及钙、磷、铁、维生素 B_1 等，价廉物美，深受人们的喜爱。但是，食用豆浆中毒的事情也时有发生，其原因与豆浆未煮熟有关。

食物进入消化道后，消化道内有两种十分重要的消化液——胰液和小肠液。前者含有胰蛋白酶，是一种消化食物蛋白质的重要酶类。未煮熟的豆浆中含有皂素、抗胰蛋白酶等有害物质。皂素对黏膜有刺激性，它还含有能破坏红细胞的皂毒素，使人发生中毒，产生恶心、呕吐、腹痛、腹泻等症状。抗胰蛋白酶可使蛋白质不被消化吸收，从而刺激胃肠，引起呕吐、腹泻。

未煮熟的豆浆中还含有一种叫做脲酶的物质，它同样可引致人体中毒。

煮豆浆要警惕"假沸"现象。豆浆由于皂素的作用，加温至80℃时，便出现泡沫，以后泡沫越来越多，此时有害物质并未被破坏，而有人却误以为豆浆已经烧开了。吃了这种"假沸"豆浆，很容易发生中毒，对此务必充分注意。一般应将泡沫除去，直到豆浆沸腾为止。

科技、生活

坏鸡蛋会浮在水面

娟娟的奶奶准备清理一下电冰箱,娟娟帮助奶奶把冰箱里面的冻肉、冻鱼一样一样地拿了出来。忽然,在冻肉和冻鱼的缝隙中,娟娟发现有一只又大又圆的鸡蛋。

"奶奶,这儿还有一个鸡蛋呢?"

娟娟把鸡蛋递到奶奶的眼前。

奶奶接过鸡蛋,先用手掂了掂,又用鼻子闻了闻,对娟娟说:"这是个隐藏在冰箱里的坏蛋!"说着,她把鸡蛋放进了身旁的水盆里,娟娟看见那个蛋在盆里扭了几扭,就浮在了水面上。

"奶奶,您怎么知道它是个坏蛋呢!"娟娟不明白地问。

奶奶告诉娟娟:"是好蛋还是坏蛋,只要把它们放进水里就会知道的,好蛋沉底儿,坏蛋浮在水面上。"

"那坏蛋为什么会浮在水面上呢?"

原来,鲜鸡蛋里面的空气少,分量也比较重,因此,一入水就会沉底。而坏鸡蛋呢?因为存放的时间很长,它里面的水分早就从蛋壳上的小孔里溜出去了,再加上蛋白所产生的气体也在不断地从蛋壳里往外钻,所以,蛋就会变轻了。把它放进水里,当然也就浮起来了。

科技、生活

会报警的陶瓷材料

大家知道，传感器是检测技术、自动控制、遥感技术必不可少的敏感元件，敏感元件主要用敏感陶瓷材料来制造。敏感陶瓷材料品种繁多，难以数计。有电敏、光敏、声敏、磁敏、热敏、气敏、湿敏陶瓷材料等许多类型。它们是获得各种信息、感知并传递信息的关键材料，是实现自动控制的重要物质基础。敏感陶瓷材料在自动控制仪表中就相当于人的五官，起视觉、嗅觉、味觉、听觉和触觉器官的作用。在防止火灾、煤气中毒、工程事故中有十分重要的作用。

1990年11月4日，《北京晚报》报道了一条消息，说的是前苏联大马戏团来京演出时，住在北京国际饭店，马戏团招募的一名工作人员在客房内吸烟，随手把未熄灭的火柴棍扔进纸篓后离去，结果引着了地毯，幸亏装在室内的烟雾报警器鸣叫，才避免了一起重大的火灾。

烟雾报警器为什么能报警呢？靠的就是烟雾传感器中的气敏陶瓷材料。它的特点就是只要与一氧化碳和烟雾一类的气体一接触，其电阻就立即发生显著变化。人们利用这一特点，把气敏陶瓷材料做的传感器装在室内或厨房内，并和一个报警电路连接起来，当室内的烟雾达到千分之几的时候，电路中的电阻就会发生变化而自动接通报警器。

20世纪80年代末，在英国发生了一场特大的暴风雪，一辆在中途抛锚的汽车被困在暴风雪中等待救援时，司机就开动发动机取暖。不料由于发动机内的燃料燃烧不充分，排出的废气中有一氧化碳进

入车内，结果司机和乘客全部中毒而死。为了防止类似的事件发生，英国运输部门研究了一种人工鼻。这种人工鼻和汽车上的一个自动报警系统相连，当汽车内一氧化碳等有毒气体的含量一旦达到危险程度时，警铃就会响声大作，告诉司机：危险！

这种人工鼻实际上和烟雾报警器很相似，也是用气敏陶瓷材料制造的。人工鼻约30厘米长，对一氧化碳一类有毒气体的嗅觉灵敏度甚至超过嗅觉非常灵敏的狗和猪。除在汽车上使用外，它还可以安装在住宅、工厂和其他车辆中，以监测有毒气体对人类的危害。气敏陶瓷材料中最敏感的是二氧化锡，它一遇到一氧化碳或烟雾，电阻率就发生变化。有些气敏陶瓷材料，如氧化锌、氧化铁对液化气中的主要成分丁烷、丙烷及天然气中的主要成分甲烷也很灵敏。在厨房中装上用氧化物陶瓷制成的煤气泄漏报警器，就可以防止因煤气泄漏引起的危险。

科技·生活

记忆的最佳时间

常言道:"一日之计在于晨。"早晨是读书的最佳时间,早上读书给人们的印象最深,也记得最牢。大家应该利用好早晨这一段宝贵的时间。

有关专家指出:人在一天当中做各种活动,在大量活动之后会引起人的中枢神经系统,尤其是大脑皮质的保护性抑制的过程,逐渐产生疲劳感。过度疲劳容易引发注意力分散、记忆力减退、思维混乱等状况。这时读书,不会留下太多的印象,读书的效果很差。

在经过睡眠或适度休息之后,消除了大脑的疲劳,精神和体力都得到了很快的恢复,这时注意力比较集中,记忆力和思维能力也非常好,读书效果自然就提高了不少。经过一宿的休息,早晨起床洗漱后,空气新鲜湿润,人的精力正是最充沛、最旺盛的时候,这诸多因素都有利于中枢神经系统的活动,因而是读书的最佳时间。

虽然早晨是读书的最佳时间,但是如果能将时间合理安排,做到劳逸结合,傍晚或晚上读书同样具有良好的效果。

科技、生活

空腹吃水果为什么不好

人在空腹时,胃酸分泌增加,胃酸的浓度也较高。因此有些水果是不宜空腹进食的。例如:西红柿含有大量果胶、柿胶酚、可溶性收敛剂等成分。空腹食用容易与胃酸发生化学反应,使胃压力增高,造成急性胃扩张而感到胃胀疼痛。柿子含有柿胶酚、果胶、鞣酸和鞣红素等物质,具有很强的收敛作用。在空腹时如遇较强的胃酸,容易与其结合,凝成难以溶解的硬块,引起"胃柿结石症"。香蕉含有大量的镁元素。空腹吃大量的香蕉,会使血液中含镁量骤然升高,造成体内血液中镁、钙比例失调,对心血管产生抑制作用,不利于身心健康。橘子汁含有大量糖分和有机酸。空腹吃橘子会刺激胃黏膜,使脾胃满闷、嗝酸。山楂味酸,能利气消食,但空腹食用不仅耗气,而且还会增强饥饿感并引起胃痛。

聋哑人也能打电话

一个正常人之所以能听到外界的声音,是由于通过外耳道的声波使鼓膜振动,经过位于内耳的耳小骨,传至内耳神经,使人感到有声音。聋哑人虽然不能"说"和"听",但是能够"写"和"看"。专供聋哑人使用的"电话机"是借助于双方交换手写信息的方法,达到互相"通话"的目的。

聋哑人"电话机"由发送机和接收机两部分组成,像16开纸那样大小,约2公斤重,可以随身携带,接到普通市内电话线上。打电话时,发话人先拨叫对方的电话号码,然后用铅笔在发送机的碳板上,把自己要说的话,写出来告诉对方。这时,发送机上的"字—电转换"装置将字形自己转换成相应的电信号,经过电话线传送给对方。

对方的接收机将收到的电信号,通过"电—字转换"装置,带动一根钨针,在一种特别的镀铝纸带上写画。于是就将发话人"说"的话重现出来,受话人用眼可以读出。不难看出,这种专供聋哑人使用的特种电话,发方是"以写代讲",收方是"以看代听",它可以使聋哑人之间或聋哑人同正常人之间互相交流思想。

国外还制造出一种"以骨传声"的电话(叫"骨传电话"),专供聋人使用。它的基本原理是:将普通受话器内的振动膜做成塑料制的突起物,电话机内设有一个将对方送来的话音电流进行放大的功率相当大的放大器,受话时使受话人身边的镫骨振动,从而达到传声的目的。

科技、生活

能导电的塑料

在我们的印象中,塑料都是不导电的绝缘体,比如人们用塑料做导线的外皮,用塑料做插头、插座和电器的外壳,这些都是利用了塑料的绝缘特性。

有没有可能使塑料成为电的良导体呢?科学家为此进行了长期的探索。20世纪70年代末至80年代初,这项研究取得了突破。1977年,美国和日本的化学家发现,掺杂卤素的聚乙炔在室温下的导电能力相当高。研究结果表明,许多具有共轭双键的聚合物。例如聚吡咯、聚咔唑、聚丙炔腈等,也具有导电性。1987年,前联邦德国和美国的一个联合化学家小组制成了一种多炔聚合物,其导电性比铜还高;用碘掺杂以后,导电率比铜高两倍以上。人们高兴地把这些塑料称为"人造金属"。

近年来,导电高分子材料的发展神速,科学家先后研制成聚苯乙炔、聚苯脎醚和聚双炔等。这类塑料不仅具有金属光泽,还能导电传热,其用途十分引人注目。

普通金属的导电性,随着温度的降低而增大,导电塑料的导电性却相反,随着温度的升高而增大。这意味着,在很多需要良好导电性能的高温场合,人们有了一个更为得心应手的新材料。

新型导电塑料引起人们的极大兴趣。1981年,美国科学家制成了世界上第一个塑料电池。它和传统的铝酸蓄电池相比,储能容量提高了3倍,能量密度提高了10倍。塑料电池的出现是电池技术的一次突破。

新型导电塑料不仅能导电,而且能传光。一些国家正在利用导电高分子材料研制第五代计算机——光计算机。这是由于在处理信息时,光在很多方面比电更好,因此光计算机的运算速度将更快,存储能力将更高,功能将更全。

科技、生活

能源巨人——核能

所谓核能发电，就是用"原子锅炉"燃烧核燃料来发电。那么，1千克核燃料铀能发多少度电呢？说出来你也许不信，它能发800万度！而1千克煤却只能发3度电。所以，核能是新能源世界里的"巨人"。

与其他能源相比，核能又是一种安全可靠的能源。例如，英国北海油田爆炸死亡了166人；美国在往火力发电站运煤过程中，每年约有100人死于交通事故；而井下采煤，每采100万吨煤难免死亡几人。比较起来，核电站的风险要小得多。

关于核电的成本，早在20世纪70年代初，在一些工业发达国家已与火力发电成本相当。后来，由于石油价格上涨和核电技术的提高，核电成本已低于火力发电成本。在法国，核电的成本比火电要低30%。随着核电技术的不断进步，核电的成本将会更加低于火力、水力发电。由此看来，核能发电前景自然是十分诱人的。

科技、生活

染发剂会致癌

染发，作为一种美容手段，具有悠久的历史。据考证，在数千年前的古代中国和古埃及、古希腊等国，我们的先民们即已掌握了原始的染发方法，并相沿成习，流传至今。时下染色之风亦颇盛行。不少长了少白头的青年人和华发渐多的中老年人，为了改善仪表，经常用染发剂，将华发染成青丝。也有一些青年人喜欢将黑发染成黄发或红发。爱美之心，本无可非议。当然，还有些演员们出于职业的需要而染黄发或红发。然而，相当多的人对某些染发剂有毒及其严重后果还不了解，因而毫不介意。

染发剂，按所含主要染料成分，分为矿物性、植物性和（化学）合成性等3类。

（1）矿物性染色剂：含铅、铁、铜、铋、镍及钴等金属的氧化物。其中铅、铜、镍及钴等有毒性。许多国家已明令禁止使用此类染发剂。

（2）植物性染发剂：以指甲花叶、西湖甘菊花、核桃壳及槟榔等植物的色素为染料成分，其中最常用者为指甲花叶。后者对头发及全身均无刺激性和毒性。此类染色剂比较安全。

（3）合成性染色剂：含多种合成性有机化合物，如对苯二胺、乙二胺四乙酸钠、对氨基酚、间苯二酚、邻氨基酚及2~4氨基苯甲醚等。此类染发剂对皮肤具有刺激性，可引起皮炎，对身体有较强的毒性，动物实验证明具有致突变、致畸及致癌作用。其中2~4氨基苯甲醚的致突变性尤强，且易在体内蓄积。其突变性可使某种细胞发生突变，从而诱发癌症。染发剂主要诱发皮肤癌和膀胱癌等癌

症,原料纯度低的劣等染发剂的毒性更强。

鉴于上述,为了安全起见,如需染发,最好选用植物性染发剂(详阅商品说明书,可知其主要成分)。对染发剂过敏及头部患疮疖等皮肤病的人,不宜染发,孕妇也不宜染发。此外,染发完毕后,要用清水反复清洗头发及头皮。倘若没有较强的因生华发而引起的精神痛苦,最好不要染发,以免得不偿失。

科技、生活

如何预防电脑辐射

电脑在使用过程中，主机和显示屏均会发出电磁、电离辐射。经常在屏幕前工作，会促使人体皮肤老化，造成皮肤粗糙，甚至还会引起皮肤发炎等病变，另外，心情烦躁、焦虑不安也是常见的危害。因此，我们一定要注意辐射的影响。

选购电脑设备时，尽可能购买保健型"绿色"电脑终端。一般不要使用旧电脑，旧电脑的辐射剂量较大，在同样距离、同种样机的条件下，辐射剂量一般是新机器的1到2倍。

我们应该购买带有低辐射标准认证的显示器，现在最严格的是TC099认证，这种电脑显示器辐射很小，比较安全。如果没有低辐射认证，操作时应在显示屏上加一块计算机专用滤色板，以减轻射线的危害。

调整屏幕亮度很重要。一般来说，屏幕亮度越大，电磁辐射越强，因此，屏幕亮度不宜太亮。电脑显示器所在的位置最好放在略微暗一点的地方，这样可以不用开得太亮。

操作电脑时，部分操作者距离屏幕太近很不好，受到的电磁辐射剂量大，最好距离屏幕0.5米以外，这就要求买电脑桌时不要太图便宜，应该选择那种宽度比较大的桌子，键盘抽板也要长一些，虽然贵一些，但还是值得的。

不要长时间在电脑前坐着，不用时应该及时关机。工作后，应洗一洗脸。因为使用电脑后，脸上会吸附不少电磁辐射的颗粒，形成脸部的电磁污染，对皮肤有损害。一般来说，受到屏幕辐射后，洗一把脸，将使所受辐射减轻90%以上。

科技、生活

生命的 28 害

生命科学家认为，人可以活 150 岁以上。然而，绝大多数人的寿命为什么仅几十年？人之所以夭折，通常是被以下 28 害暗中夺命的。

(1) 吸烟酗酒；

(2) 营养单一；

(3) 饮食无度；

(4) 忽视早餐；

(5) 晚餐过量；

(6) 焦煳食物；

(7) 食盐过多；

(8) 霉变食物；

(9) 腌、熏食物；

(10) 爱吃烫食；

(11) 铝制食具；

(12) 壶、瓶水垢；

(13) 油烟尘雾；

(14) 衣着脏乱；

(15) 起居无常；

(16) 睡眠不足；

(17) 四体不勤；

(18) 不肯用脑；

(19) 过度劳累；

(20) 懒于洗浴；

(21) 不护牙齿；

(22) 滥用药品或补药；

(23) 讳疾忌医；

(24) 运动不足；

(25) 肥胖；

(26) 孤独寂寞；

(27) 夫妻分居；

(28) 自私嫉妒。

什么是激光雷达

莱塞雷达也叫做同相光定位器，也叫做光量子雷达，一般称为激光雷达。

激光是一种颜色很纯、能量高度集中的光。它是由一种叫做激光器的新型光源所产生的。激光器能实现光的能量在空间上和时间上的高度集中，因此，激光的亮度极高，比太阳表面的亮度还要高100亿倍；它的方向性也极好，几乎是一束平行的光线。

激光雷达是由无线电雷达发展而来的，它们在原理上和结构上都很相似。激光雷达能测定目标的距离，也可以测定目标的角度，根据多普勒效应，它还可以测出目标的速度。同时，因为激光的波束很窄，比无线电雷达的方向性强得多，所以它测目标的距离和角度的精确度比无线电雷达高得多。

激光雷达探测的范围可从几十米的低空到几十公里的高空。它不仅能测出云层的方位、距离、底部及顶部高度，从而获得云层横截面的结构图，还能发现极薄的肉眼看不见的卷层云和对飞机飞行危险很大的晴空湍流（颠簸）。此外，它还能探测大气中甚至小到气体分子的各种微粒，测量大气温度、密度和风。但是，激光雷达也有它不完善的一面，它在云雨烟雾中无法工作。目前，人们正设想改进它的不完善部分，进一步加大激光波束密度，使它能摧毁照射途中的云雾水滴，这样，它就可以在恶劣的气象条件下也能发挥作用，成为气象探测的最新工具。

随身的身份证——牙齿

1977年3月27日,大西洋的加那利群岛机场上,有两架波音747飞机相撞,死亡577人。在这些死难者中有326名是美国人。因为尸体无法辨认,美国政府派专家前往识别,得以确认者有212名,其中单靠牙齿证实者为156名。为什么牙齿能做证明身份的主要证据呢?

牙齿是人体中最坚硬的器官,由于它对物理、化学刺激的耐受性很强,变化极为缓慢,所以它能协助法医判断出一个人的种族、年龄、性别、血型、职业、籍贯等。根据牙齿的大小、形状和排列情况,以及在治疗(如充填、补牙、镶牙等)操作时发现和形成的不同特点,只要找到终治的牙科医生和详细的病历,就可以证实一个人的身份。

日本东京齿科大学教授铃木和男曾说:"牙齿是能够说出一个人的整个经历的履历书。"

科技、生活

汤泡饭不宜多吃

俗话说:"汤泡饭,嚼不烂。"汤和饭混在一起吃。是个不好的习惯。时间久了,会使消化机能减退,引起胃痛。

我们吃进的食物,首先要在口腔中进行初步消化。坚硬的牙齿将大块食物切磨成细小粉末和颗粒,同时唾液腺不断分泌唾液。与食物充分混合,唾液中的淀粉酶使淀粉分解成甘甜爽口的麦芽糖,便于胃肠进一步消化吸收。人吃固体粉状食物时,咀嚼时间长,唾液分泌量也多,有利于润滑和吞咽食物。汤和饭混在一起吃,咀嚼需要的时间短,唾液分泌亦少,食物在口腔中不等嚼烂。就同汤一起咽进胃里去了。这不仅使人"食不知味",而且舌头上的味觉神经没有刺激,胃和胰脏产生的消化液不多,并且还被汤冲淡,使吃进的食物不能很好地被消化吸收,日久,就会引起胃病。所以,不宜经常吃汤泡饭。

科技、生活

特殊的刀具——水

古代有句俗语，叫做"滴水穿石"，它的意思是说，从高处落下的微小水滴，长年累月，也能滴穿石头。但是，水不是刀具，要把它变得强劲有力，必须借助极高的压力。一般采用增压装置来帮助提高水压，当水喷流的速度达到540～1400米/秒时，就可以满足切割的要求。因为在这样高的压力下，超音速水流在接触被加工材料的瞬间，在顷刻间就会产生出足够大的冲击力，从而完成切割的要求。这个加工原理与用金属刀具切割工件的原理是大致相同的。

水"刀"有其独特的优点，它只有0.1～0.8毫米的切割宽度，因而可以加工具有复杂型面和任意曲率的零件。它的切口光滑整齐，没有粗糙的边缘，因而加工精度极高。另外，在加工过程中，它产生的振动和噪声很小，加工的切屑量也少，不会产生有害气体污染空气及损害人体健康。

另外，这种"刀"不仅可以用来加工诸如纸、布、木材、皮革、橡胶、塑料等一类软性材料。如果在水喷流中掺以精细的磨料，它就能像硬质合金刀具那样，用来加工诸如复合材料、陶瓷材料、金属材料、坚硬岩石等一类硬材料。水"刀"还可作为外科手术刀用于外科手术中，它既不会损伤周围组织，也不易引起感染。

科技、生活

为什么登山禁止高喊

1960年5月25日,年轻的中国登山英雄第一次从北坡登上了世界最高峰——海拔8848米的珠穆朗玛峰的峰顶。1964年5月2日上午,我国登山队又把五星红旗插上了海拔8012米的希夏邦马峰的峰顶,征服了地球上最后一个海拔8000米以上的高峰。1975年5月27日,我国登山队再次登上了珠穆朗玛峰。这都是我国登山史上的光辉篇章。

我国登山健儿们在这几次登山活动中的英雄事迹,我们都可以从电影里看到。看过了电影,你可能会有这样的疑问:为什么登山队员在爬山时,总是那样默默无言地前进?

高山上一年到头覆盖着白皑皑的雪,而且又经常不断地下雪,每下一次雪,积雪层就加厚了一些。积雪越厚,下层所受的压力也就越大,下层的雪就被压得密实起来,变成为雪状的冰块。同时,积雪又像一条棉被盖在山上一样,使底层的热量散发不出去,因此底层的温度常常比表面高出10℃~20℃,而底部的雪所受的压力又最大,这样就会有一部分冰雪化成了水。

高山积雪层的底部有了水,就好像给冰雪层涂上了润滑油。仿佛一块涂了油的铁板搁在斜面上一般,随时都可能滑下来。如果有一块大石头掉下来,或者哪里传来一点振动,都会使积雪层大发雷霆,全部崩塌下来,把沿途所有的东西都埋葬在里面。这种现象,叫做雪崩。

人在大声呼喊的时候,会发出多种频率的声波,通过空气传递给积雪层,往往会引起积雪层的振动。如果有一种喊叫声的频率,恰好与积雪层的固有振动频率接近或相同，就会形成共振，积雪就可能因强烈的振动而崩塌下来。这对登山队员来说，是很危险的。因此，禁止高声呼喊，就成了登山队的一条戒律。

科技、生活

为什么酸牛奶比鲜牛奶好

牛奶含有丰富的蛋白质、脂肪和钙、磷、钾、铁、镁、维生素A、B等营养物质，其中的蛋白质90%以上可以被人体吸收利用。鲜牛奶虽然营养丰富，但有些人吃鲜牛奶后感到胃部不适，其原因是鲜牛奶中含有乳糖，而一些人体内的消化液中缺少帮助消化乳糖的催化剂——乳糖酶。如果将鲜牛奶加工成奶制品——酸牛奶，不仅能消除胃部的不适，而且还能促进消化吸收。

酸牛奶中含有大量乳酸杆菌，能将牛奶中的乳糖分解为乳酸，使肠道的酸碱度趋向酸性，以抑制肠道内其他有害细菌。

乳酸杆菌还能够在肠道内合成人体必需的维生素B、E等多种维生素。

酸牛奶可以促进胃酸分泌，提高消化功能。鲜牛奶中的钙质，在酸牛奶中形成乳酸钙，容易被人体吸收。

科技、生活

温水吃药

生了病就要服药，看起来，这是再简单不过的事，但是，服药的方法是很有讲究的。一般来说，服药用温开水送服，然而，有些人在服药片时，自以为勇敢，本事大，将药片放入口中，靠自己口腔内的唾液直接吞咽完成。实际上，这样服药很不科学，甚至会对健康产生有害影响。

医学家告诉我们，干吞药片时，药片很容易停滞在食道中，不上不下，异常难受。而且由于大多数药片对食道黏膜均有一定的刺激性。例如强力霉素、硫酸亚铁等，会在食道中慢慢溶解，对食道黏膜造成较强烈的刺激，造成食道黏膜充血、水肿，甚至形成溃疡和出血。因此，为了充分发挥药物的功效，防止副作用，请不要干吞药片。

正确的服药片方法是，服药片要用温开水送服，并多喝一些水，这样可以使有刺激性的药物能很快进入胃里，以免在食道中停留而刺激食道黏膜。

科技、生活

像玻璃一样透明的陶瓷

1957年秋天,在美国科学家科布尔的实验室里,发生了一件不寻常的事:他采用一种新方法做出的陶瓷,外表看起来像毛玻璃,把它们放在书上,竟能毫不费力地读出瓷片下面的字句。科布尔把这种能透过光线的陶瓷叫做"透明陶瓷"。

我们日常生活中使用的陶瓷物品,像碗、沙锅、水缸、花瓶等等,都是不透明的。从一只盖着盖子的陶瓷杯外面,看不出里面有没有水。可是,透明陶瓷却可以像玻璃一样透过光线。这是什么道理呢?

原来,碗、杯等普通陶瓷是用天然的矿物原料制造的,成分很复杂,杂质比较多,还包含着无数肉眼看不到的微小气孔。光线照到普通陶瓷上,碰到这些气孔和杂质,就向四面八方散射出去,而不是沿着原来的方向前进。散射出去的光碰到气孔和杂质,又进一步散射,因此,能够穿过陶瓷的光线就非常少,甚至一点也穿不过,所以普通陶瓷是不透明的。

透明陶瓷是用纯度很高、粒度很细的氧化铝做的,成分比较单纯,杂质很少。同时,透明陶瓷是放在专门的炉子里用很高的温度烧成的,里面的气孔非常少。光线照到透明陶瓷上,可以阻碍光线前进的东西非常少,所以大部分光线就穿过了陶瓷,使它变成像玻璃一样透明。

那么,把陶瓷做成像玻璃一样透明,有什么用处呢?它可以用在需要透过光线,而玻璃却不能胜任的地方。例如高压钠灯就是一个最典型的例子。

晚上，在城市的街道上，有一种发着金黄色光线的高压钠灯，它的发光效率高，寿命长，照在路面上，清晰而不刺眼，深受人们的欢迎。这种灯的放电管内装的钠蒸汽，有很强的腐蚀性，特别是在灯点燃到1350℃的高温时。如果用石英玻璃做放电管，不多一会儿就被腐蚀掉。透明氧化铝陶瓷不怕高温钠蒸汽的腐蚀，可以把90%以上的可见光传送出来。所以，透明陶瓷是制造高压钠灯放电管的理想材料。目前，这种装有陶瓷放电管的新型电光源正在世界各国推广和普及。

透明陶瓷种类很多，还可以用来做红外线制导的各种导弹的光学部件、透明防弹装甲、观察核爆炸闪光的护目镜、立体电视的观察镜等。

科技、生活

消灭蟑螂的方法

（1）糖水瓶子捕蟑螂　取罐头瓶1~2个，放3匙食糖水，加开水半碗冲化作诱饵，将瓶子放在蟑螂活动的地方，蟑螂闻到香甜味后，就会爬入罐头"陷阱"。

（2）桐油捕蟑螂　买100~150克桐油，加温熬成黏性胶体，涂在一块15厘米见方的木板或纸板周围，中间放上带油腻带香味的食物作诱饵，其他食物加盖，不使其偷食。在蟑螂觅食时，只要爬到有桐油的地方，就可被黏住。

（3）配毒饵杀蟑螂　取硼砂、面粉各一份，糖少许，调匀做成米粒大的饵丸，撒在蟑螂出没处，蟑螂吃后即被毒死。

（4）鲜黄瓜驱蟑螂　可以把鲜黄瓜放在食品橱里，蟑螂就不敢接近食品橱。鲜黄瓜放两三天后，把它切开，使之继续散发黄瓜味，驱除蟑螂。

（5）鲜桃叶驱蟑螂　将新摘下的桃叶，放于蟑螂经常出没的地方，蟑螂闻到桃叶散发的气味便避而远之。

（6）洋葱驱蟑螂　如果在室内放一盘切好的洋葱片，蟑螂闻其味便会立即逃走，同时还可延缓室内其他食物变质。

科技、生活

寻找"黑匣子"

黑匣子也叫自动记录器,它能自动记录飞机失事前30分钟内的飞行高度、速度、航向、俯仰姿态、机内对话和时间等数据资料,可为飞行事故的分析提供重要的,有时甚至是唯一的依据。它包括两种记录器,一是话音记录器,一是飞行数字记录器。它一般安装在不易被摔坏,不易被火烧的飞机尾部。它能承受100倍于本身重量的载荷冲击和1吨的断裂载荷,能经受任何液体和海水、淡水浸泡一个月以上而不受影响。

黑匣子全套是两个,第一个匣子较简单,它记录驾驶舱内机组人员的对话,驾驶员与地面机场导航人员的对话、机长和空中小姐对旅客的讲话,还包括驾驶舱内所有的声音记录。这个记录器的最大录音时间是30分钟,录完30分钟后再从头开始录,这样当事故发生时,记录器内就是事故发生前30分钟内的录音,足以使人了解事故出现前的实际情况。第二个匣子是个数据记录器,可记录25个小时内飞机飞行过程中16~32种数据,包括格林尼治时间、舱内温度、湿度、收放起落架时间、风压、油压、垂直加速、驾驶员反应等等。它通过飞机各部位的传感器接收信息,转换成数字码,用电码脉冲调制法记录在磁带上。

科技、生活

寻找海底"金山"

1948年，瑞典科学家乘坐"信天翁"号海洋考察船在红海进行考察时，发现在红海海底水深2000米的洼地中，存在着一种"热盐水"，这一奇特的现象使在场的科学家们感到迷惑不解。深海底层水的温度一般是很低的（在4℃左右），可是他们观测到的该处底层水的温度竟高达40℃左右，而且含盐量也很反常，超过海中平均含盐量10倍以上。化验分析该处海底的泥土样品，发现这些泥土中富含铁、锰、锌、铜、铅、银、金等多种金属元素。这一发现引起了众多科学家的兴趣。

1963年和1966年，美国的"发现者"号和"链"号海洋调查船又驶向红海，进行了更为详细的调查，发现3处水深大于2000米的海渊中确实存在"热盐水"，水温可高达56℃，而且富含金属元素的海底泥土层一般有20米厚，有的地方可达100多米厚。他们把这3个海渊分别定名为"阿特兰蒂斯Ⅱ"海渊、"发现者"海渊和"链"海渊，并把这种富含金属元素的泥土定名为"多金属软泥"。目前，在红海中央裂谷处已发现了18个含多金属软泥的盆地。

据估计，仅"阿特兰蒂斯Ⅱ"海渊底部10米厚的多金属松泥中，就含有2430万吨铁、290万吨锌、106万吨铜、4500吨银、45吨金，其黄金的品位要比陆地上的金矿高40倍。这是一笔多么巨大的财富啊！难怪有人把它称作"海底金银库"。

"海底金银库"的发现引起了世界上许多国家的重视，它们纷纷派人进行更为广泛的调查和研究。后来，在大西洋和太平洋中也发现了含有这种"热盐水"的低洼地。

科技、生活

义务献血无损健康

医院里每天都有病人动手术需要输血。遇到工伤、车祸等意外事故时，伤员也常常需要输血。医疗上的用血，需要从健康人身上取得。献血是公民发扬救死扶伤的人道主义精神的光荣职责。

献血对健康有没有影响呢？健康的人，全身血液总量约占自己体重的8%。一个体重60千克的人，体内约有4800毫升血液。人体内的血液有80%在心脏和血管内流动，其余20%的血液则贮存在肝、脾及皮下毛细血管等"血库"内，以备临时急用。一旦失血或体力活动增加时，"血库"里的血液就出来参加全身血液循环。成年人一次失血量占血液总量的10%（约400～500毫升），人体可以通过自我调节来弥补。所以，健康人一次献血200～400毫升，仅占全身血量的5%～10%，对身体是没有损害的。

人体内的骨髓、淋巴结和肝、脾等，都是造血的"工厂"和"血库"。这些"工厂"每日每时都在生产出新的血细胞来代替衰老死亡的血细胞，进行新陈代谢。如红细胞的平均寿命为120天；白细胞的平均寿命为14天；血小板的寿命更短，只有7～8天。血细胞衰老破坏后，可刺激"工厂"制造新的血细胞。人献血后，血细胞会在一个月内将其全部恢复。因此，只要间隔一定的时间，适量献血绝对不会影响健康。

科技、生活

用黏结剂黏住钢筋混凝土

钢筋混凝土建筑物在使用多年之后,楼板往往会产生裂缝,墙壁也会发生掉角、缺边等现象。如果不及时补救,就会发生危险。通常的办法是用混凝土浆灌进裂缝里,让它与旧的混凝土结合起来,以达到补救的目的。但新旧混凝土往往结合不好,留下难以觉察的隐患。

如果在一种叫环氧树脂的黏结剂里加入细砂和水泥做填料,制成环氧砂浆(或者再加些石子做成环氧混凝土),就可以用它们来把钢筋混凝土黏住,恢复它的强度。当然在施工时首先要注意把需要黏结的钢筋混凝土表面清理干净,然后把环氧砂浆灌进去。要不了多久,断裂的地方就牢牢地黏住了。

黏结剂不仅可以在陆地上黏住钢筋混凝土,而且还可以在水下施展它的威力。有些建筑物,如水利工程中的水坝、闸门的混凝土部分等,都可以用环氧砂浆来黏补,只不过需要在配方里加进一些固化剂。有一种固化剂叫酮亚胺,它有一种特别的性能:没有水不起作用,一遇水马上会固化,使黏结剂发挥黏结作用。因而无论是陆上或是水下的钢筋混凝土建筑损坏了,都有适用的黏结剂可用了。

怎样除冰箱异味

（1）橘子皮除味 取新鲜橘子500克，吃完橘子后，把橘皮洗净揩干，分散放入冰箱内。3天后，打开冰箱，清香扑鼻，异味全无。

（2）柠檬除味 将柠檬切成小片，放置在冰箱的各层，可除去异味。

（3）茶叶除味 把50克花茶装在纱布袋中，放入冰箱，可除去异味。1个月后，将茶叶取出放在阳光下暴晒，可反复使用多次，效果很好。

（4）麦饭石除味 取麦饭石500克，筛去粉末微粒后装入纱布袋中，放置在电冰箱里，10分钟后异味可除。

（5）食醋除味 将一些食醋倒入敞口玻璃瓶中，置入冰箱内，除臭效果也很好。

（6）小苏打除味 取500克小苏打（碳酸氢钠）分装在两个广口玻璃瓶内（打开瓶盖），放置在冰箱的上下层，异味能除。

（7）黄酒除味 用黄酒1碗，放在冰箱的底层（防止流出），一般3天就可除净异味。

（8）檀香皂除味 在冰箱内放1块去掉包装纸的檀香皂，除异味的效果亦佳。但冰箱内的熟食必须放在加盖的容器中。

（9）木炭除味 把适量木炭碾碎，装在小布袋中，置冰箱内，除味效果甚佳。

科技、生活

植物能给人供血吗

血液是人类生命的河流,它在人体内不停地流淌着,给人体各个部分带来了营养物质和氧气,使人得到源源不断的原动力,一旦血液停止流动,人的生命也会走到尽头。正因为血液对人体的极端重要性,人们才会格外注重血液。在损伤失血过多时,人们总是尽力从外界给以补充,尤其是严重伤害时,若不能及时输血则可能致人死亡。但是,到目前为止,人们输血只能靠同类的奉献,也就是说只能从别人那里获取。这对输血量大的病人来说是一个很大的限制。那么,有没有其他途径可以获取血液呢?

几年前,一位日本法官在侦破一桩凶杀案时,意外地发现,在现场上有一个未沾血的枕头竟然有微弱的血型反应。这到底是怎么回事呢?法官对枕头内的荞麦皮进行了研究,令人吃惊的是他发现,荞麦皮竟然显示出AB血型的特征。这一现象引起了人们的注意。后来,人们又对100多种蔬菜、水果进行了研究,发现有十几种都有血型反应。这表明,植物也有血型。

但是,到现在为止,植物为什么会有血型的问题仍是一个谜。不过,不明白事物的本质并不妨碍人们对事物的利用。在侦破案件中,植物血型早已被人们使用来破案了。在日本,怀疑某辆汽车撞伤了3个人,通过研究,表明其中两种血型都是植物血型,只有其中一种才是人的血液,从而使案件得到了正确处理。

最近,又有科学家发现,玉米、油菜、烟草等植物中含有类似人体的血红蛋白基因。这表明,植物也有造血功能,如果加入铁原子,就可以制造出人体需要的血红蛋白。由于血红蛋白是血球的重要组成部分,易于与氧结合或分离,所以它具有输氧能力。因此,一旦这项实验成功,将会出现植物为人输血的医学奇迹。

  植物是地球上数量庞大的生物体,如果人们能以植物为母体来给自己输血的话,人的血液需求从此将有保证了,而且,植物血液中不会携带艾滋病病毒、肝炎病毒等有毒物质,受血者将不会发生毒副作用。高科技为人类又创造了新的奇迹。

科技、生活

植物也能生产"石油"

在自然界中生长着一类非常特殊的植物，引起了科学家们的极大兴趣，因为这类植物能够产出"石油"，并因此将这类植物美誉为"石油类"植物。这种"石油"实际上是一种低分子量的碳氢化合物，它的汁液含有物的分子量在1000～5000之间，与矿物石油性质相近。

1977年，美国科学家发现，某些绿色植物能把太阳能迅速地转变成烃类，而烃类是石油的主要成分。接着，他们果然从一种叫"霍霍巴"的野生常绿灌木植物的叶片中，首次成功提取了一种宛如汽油的液体。经试验表明，它完全可以作为石油的代用品。

在巴西、马来西亚等国生长的三叶橡胶树也能生产"石油"。只要在树干上挖一个洞，一个小时内就能流出5～10升的"柴油"；半年后又可进行第二次开采，每公顷可产油50桶。令人惊奇的是这种特殊的"柴油"不需加工提炼，就可直接在柴油汽车上使用。

20世纪80年代初，美国一位植物学家从藤本植物和灌木的树汁中提取"汽油"，也获得成功。在澳大利亚发现的阔叶棉木，其枝、叶都可以提炼油类，且其产油率在已知的油类植物中高居榜首。

这些"石油植物"的茎秆内含有一种白色碳氢化合物乳状液，经提炼，每公顷的"石油植物"竟能生产14～16立方米的"石油"。这种植物耐旱性强，成活率高，在贫瘠的沙漠、干旱地区也能生长。而且，这些"石油"在燃烧时，不会产生一氧化碳和氧化硫等有害成分，因此不会污染环境，是一种理想的、清洁的植物燃料。

"石油草"的发现为人类开辟了一个通过光合作用利用太阳能的

新天地，因此它的发现者卡尔文也荣获了诺贝尔奖金。

据调查，全球已发现有上千种可生产"绿色石油"的植物。有关专家做了一个推测，全球绿色植物贮存的总能量大约相当于800亿吨标准煤，其中有90%贮存于森林中。

科技、生活

最耐腐蚀的材料是什么

在这个充满诱惑的世界,能够不被腐蚀的,真可以称的上"英雄"。在林林总总的材料世界中,这个"英雄"是谁呢?

是不锈钢吗?很多家庭的厨房用具都用不锈钢制造。通常情况下,不锈钢不会生锈。然而在一些强腐蚀性介质中,或者长期浸在盐水或者海水中,不锈钢也会被腐蚀!

那么是陶瓷吗?陶瓷很光滑,它不会被腐蚀吧。其实不然。强酸或强碱就会把它腐蚀掉!到底谁最耐腐蚀呢?

原来,这个不被腐蚀的大"英雄"是聚四氟乙烯,它具有坚忍不拔、宁折不弯的特性,人称"塑料王"!

聚四氟乙烯是在1938年发明的,1945年投入工业化生产。它的最大优点是耐化学腐蚀,除极强碱,如熔融的碱金属能腐蚀聚四氟乙烯外(仅仅是表面上轻微的腐蚀),聚四氟乙烯不为任何化学试剂腐蚀,连无坚不摧的"王水"也只能对它"望而兴叹"。它的长期使用温度可达260℃以上,耐腐蚀性远远超过不锈钢。聚四氟乙烯不吸湿、不燃烧,耐疲劳性特别好,"塑料王"的美称当之无愧!

此外,聚四氟乙烯还是已知固体中表面最小的,几乎任何东西都不能黏附在其表面上。同时,聚四氟乙烯摩擦系数也极低。由于这些突出性能,使它在发明伊始,便被作为战略物资保密。现在,聚四氟乙烯已广泛用于防腐材料、摩擦密封材料及许多特殊的场合。由于它不会黏结水垢,被大量用于制造热交换器,解决了交换器结垢堵塞的问题。